一《ひ》二《ふ》三《み》
(四)

JN085850

岡本天明《てんめい》・著
奥山一四《ひとし》・補訂

幻冬舎MC

目次

※文中に差別的意味合いのある言葉を掲載していますが、岡本天明《てんめい》が書かれたものを、なるべく忠実に再現するために必要であると判断し、掲載いたしました。御了承ください。

五十黙示録《いせもくじろく》

第一巻　扶桑《ふそう》の巻《まき》　全十五帖《ちょう》

昭和三十六年五月五日

第一帖　（八三五）

東は扶桑《ふそう》なり日出《い》づる秋《とき》は来にけり

この巻、扶桑の巻。続く六の巻を合わせて、七の巻、一百四十四帖の黙示《もくじ》を五十黙示《いせもくじ》と申せよ。

石もの言うぞと申してありたが、伊勢にはもの言う石があると昔から知らしてあろがな。五の一四《いし》がもの言うのであるぞ。開《ひら》けば五十となり、五百となり、五千となる。握れば元の五となる。五本の指のように、一と四であるぞ。この方《ほう》を五千の山に祭れと申してあろが。これが五千連《いちら》ぞ。五十連《いつら》ぞ。分かりたか。五十連世に出るぞ。

天に神の座あるように、地には人民の座があるぞ。天にも人民の座があるぞ。地に神の座があるぞ。

七の印《しるし》と申してあるぞ。七とはものの成ることぞ。天は三であり、地は四であると今までは説かせてあったなれど、いよいよ時節到来して、天の数二百十六、地の数一百四十四と成り成り、伊耶那岐《いざなき》三と成り、伊耶那美《いざなみ》二と成り成りて、美斗能麻具波比《みとのまぐわい》して五と成るのであるぞ。五は三百六十であるぞ。天の中の元のあり方であるぞ。七の燈台は、十の燈台と成り出《い》づる時となったぞ。天は数ぞと申してあろ。地はいろはであるぞ。

分からん者が上に立つこととなるぞ。大グレン目の前。日本《にほん》のみのことでないぞ。世界中のことであるぞ。今度は三千世界《さんぜんせかい》が変わるのであるから、今までのような立て替えではないのであるぞ。

何もかも鏡に映るのであるぞ。鏡が御《ご》神体であるぞ。何も映らん御《ご》神体の鏡は何もならんぞ。

第二帖　（八三六）

中臣《なかとみ》の太祝詞言太《ふとのりとことふと》に宣《の》り上《あ》ぐ

一はいくら集めても一であるぞ。分からん者いくら集めても、分からん道理。二は二、三は三であるぞ。一を二つ集めても二にはならんぞ。人民大変な取り違いをいたしておるぞと申してあろがな。○《れい》が元ぢゃ。◎《れい》一が元ぢゃ。結びぢゃ。弥栄《いやさか》ぢゃ。よく心得なされよ。世の元、○の始めから一と現《あらわ》れるまでは、○を十回も百回、千回も万回も繰り返したのであるぞ。その時は、それはそれはでありたぞ。火《ひ》と水《み》のドロドロであったぞ。その中に五色五頭の龍神が御《おん》働きなされて、創り固めなされたのぢゃ。今の人民は、龍神と申せばすぐ横を向いて耳を塞《ふさ》ぐなれど、まことのことを知らせねばならん時ざから、こと分けて申しているのぞ。龍神とは◎神であるぞ。五色の龍神とは、国常立命《くにとこたちのみこと》の御《おん》現れの一つであるぞ。

　戒律を作ってはならん。戒律がなくてはグニャグニャになると思うであろうなれども、戒律は下の下の世界。今の人民には必要なれど、いつまでもそんな首輪は要《い》らんぞ。戒律する宗教は亡びると申してあろがな。

第三帖　（八三七）

高天原《たかあまはら》に千木高《ちぎたか》しりて仕え奉《まつ》らん

岩戸《いわと》の開《ひら》けたその当座は、不合理に思えることばかり出てくるぞ。逆さまの世界がこの世界に入《い》り交《まじ》るからであるぞ。親よりも子の方《ほう》が早く目覚めるぞ。子が親となるぞ。逆さまの世界と申しても、悪の世界ではないぞ。

霊の世界には、想念のままにどんなことでもできるのであるぞ。嬉しい、怖い世界が近づいてきているのであるぞ。

第四帖　（八三八）

罪穢《けが》れ今はあらじと祓《はら》え給《たま》いそ

空白《くうはく》とは九八九であるぞ。八と九、九と八の境を開《ひら》くことが、岩戸を開《ひら》くことぢゃ。空白《くうはく》とは最も根本をなす、最も力あることであるぞ。

第五帖　（八三九）

八《や》潮路《しおじ》の潮《しお》の八百会《やもあ》い母います国

天の声あるぞ。地の声あるぞ。和して十の日月地《ひつきくに》と現れるぞ。五十人の仁人が出てくるぞ。仁人とは神人《かみひと》のこと。この仁人が救世主であるぞ。救世主は一人でないぞ。各々の民族に現れて、五十人であるなれど、五十という数に囚われるなよ。五十人で一人であるぞ。数に囚われると分からんことになり、岩戸閉めとなるから、気つけおくぞ。

第六帖　（八四〇）

祓《はら》いため千城百国整治万歳

三年と半年、半年と三年であるぞ。その間は暗闇《くらやみ》時代。火を灯《とも》しても暗いのであるぞ。明るい人民には、闇でも明るい。日は三日と半日、半日と三日。次に五年と五年ぢゃ。五日と五日ぢゃ。このこと、間違えるでないぞ。

手足の爪まで抜き取られ、あるにあられん、惨《むご》いことにされて追いやられたのであるが、まことはまことぢゃ。時巡りきて、我《が》が取れたので、光が射し初《そ》めたのぢゃ。岩戸が開《ひら》けたのぢゃ。

神が苦しむ時は人民が苦しみ、人民苦しむ時は神も苦しむのぞ。世界中の苦しみ、地上の苦しみ、天上の苦しみぞ。

この大峠を越してから、大いなる試しがあるぞ。人の心の難しさ、計り知れんほどであるなれど、見てござれ。見事なこといたして見せるぞ。

第七帖　（八四一）

岩隠れし比売《ひめ》の御陰《みほと》は焼かえ給《たま》いて

三分《さんぶん》の一の人民になると早うから知らせてありたことの実地が、始まっているのであるぞ。何もかも三分の一ぢゃ。大掃除《おおそうじ》して残った三分の一で、新しき御世《みよ》の礎《いしずえ》といたす仕組《しくみ》ぢゃ。

三分《さんぶ》難しいことになっているのを、天の神にお願い申して、一人でも多く助けたさの日夜の苦心であるぞ。堪忍の堪忍、我慢《がまん》の我慢であるぞ。この神の花咲くぞ。

第八帖　（八四二）

平坂《ひらさか》の岩戸開《ひら》けん音の聞こゆる

神に怒りはないのであるぞ。天変地異を神の怒りと取り違いいたしてはならん。大神は愛にましまし、真《しん》にましまし、善にましまし、美にましまし、数にましますぞ。また、すべてが喜びにましますがゆえに、怒りはないのであるぞ。もし怒りが出たときは、神の座から外れてしまうのであるぞ。

救いの手は、東《ひむかし》より差し伸べられると知らしてあろが。その東とは、東西南北の東ではないぞ。このこと、よく分かりてくだされよ。今の方向では、艮《うしとら》から救いの手が差し伸べられるのぢゃ。艮《うしとら》とは東北であるぞ。艮金神《うしとらこんじん》とは国常立命《くにとこたちのみこと》でござるぞ。地の元の、天地の元の元の元の神ぞ。始めの始め、終わりの終わりぞ。弥栄の弥栄ぞ。礎ぞ。

第九帖　（八四三）

捧げてん和稲荒稲《わしねあらしね》横山の如《ごと》

五人あるぞ。中二人、外三人。この仕組、天の仕組。一切と手を繋《つな》がねばならん。人民のみで世界連邦を作ろうとしても、それはできない相談。片輪車《かたわぐるま》と申してあろが。目に見えぬ世界、目に見えぬ人民との縦の繋がりつけねばならん道理。人民同士の横糸だけでは、織物にはならんぞ。天は火ぞ、地は水ぞ。火水組み組みて織りなされたものが、錦《にしき》の御旗《みはた》ぢゃ。秘密《ひみつ》（火水）の仕組であるぞ。

第十帖　（八四四）

赤丹《あかに》の頬《ほお》に聞こし召《め》しませ御酒《みき》奉《たてまつ》る

何事が起こってきても、まず喜んで迎えねばならんぞ。近づいてくるのは、呼び寄せたからぢゃ。こんな嫌な汚いものはごめんぢゃと申す人民もあるなれど、それは皆己の心の映しでないか。内にないものが、外から近寄る道理ないのぢゃ。どんなものでも、喜んで迎えると喜びとなる結構な仕組、よく会得せよ。

何事も、一段ずつ一歩ずつぢゃ。一足飛びは大怪我の元。

第十一帖 （八四五）

奥津藻葉辺津藻葉《おきつもはへつもは》ぞ母しらす御国《みくに》の

五の働きは、いずれも十の翼を持っているぞ。足は十本であるぞ。さらに、五十の翼と成り成る仕組。五十の足が五十連《いつら》ぞ。五十連では動き取れん。四十九として働いてくれよ。真中の一は動いてはならん。真中動くでないぞと申してあろがな。

時過ぎて種播《たねま》く人民、多いのう。

人民と申すものは天狗《てんぐ》ざから、自分は良いのだが世の中悪いのざと申しているなれど、世の中と申すものは大神の働きの現れであるから、大神の中での動きであるから、世の中が悪いと思うのは大神が悪いと思うことになるのぢゃぞ。そこに底知れぬほどの魔の仕組があるぞ。気つけおくぞ。

第十二帖　(八四六)

奉《たてまつ》る珍《うず》の幣帛《みてくら》聞こし召したべ

神の御手《み》に巻物があるぞ。その巻物の数は五十巻ぢゃ。この巻物を見た者は、今までに一人もなかったのであるぞ。見ても分からんのぢゃ。巻物を解いて読もうとすれば、それは白紙となってしまうのであるぞ。人民には分からんなり。解くことはできんなり。この巻物は天の文字で書いてあるぞ。数字で書いてあるぞ。ム(無《む》)が書いてあるぞ。ムの中にウ(有《う》)が記《しる》してあるぞ。心をムにすれば、白紙の中に文字が現れるのであるぞ。時節参りて、誰の目にも黙示と映るようになった。ありがたいことであるぞ。岩戸が開《ひら》けていよいよの時となったのぞ。初めからの巻物、よく読んでくだされよ。よく選《よ》り分けてくだされよ。何もかも一切ありやかに刻まれているぞ。残る十二巻と一巻は、人民では分からんぞ。ムの巻物ぞ。空に書いてあるぞ。

第十三帖　（八四七）

称 言太祝詞言《たたえごとふとのりとこと》今ぞ高らに

木でも草でも、皆中から大きくなるのざと申してあろ。つけ焼刃《やきば》や膏薬《こうやく》貼りで大きくなるのでないぞ。

三千年《さんぜんねん》に一度という、またとない結構な時が巡りてきているのであるぞ。為せば成るぞ。

難しいこと申しているのではない。自分の中の自分を掃除して、自分の外の自分を洗濯して磨けと申しているのぞ。磨けば神と同列の身魂《みたま》ぞ。釈迦ぞ、キリストぞと申してあろ。内にあるものを磨けば、外から響くものも磨かれた、穢《けが》れのないものとなるのぢゃ。中の自分を掃除しないでおると、いつまで経っても、岩戸が開《ひら》けていても岩戸は開《ひら》けん。

第十四帖 （八四八）

青海原青垣山《あおうなばらあおがきやま》の内に御子《みう》生まる

神の御座《みくら》の回りには、十の宝座があるぞ。十の宝座は五十と五十、百の光となって現れるのであるぞ。大摩邇《おおまに》は百宝をもって成就すると知らせてあろがな。五十種の光、五十種の色と申してあろがな。光の中に百億の化仏《けぶつ》ぢゃと申してあろ。百が千となり万となり、億となるのであるぞ。

今までは四の生き物と知らせてありたが、岩戸が開《ひら》けて、五の生き物となったのであるぞ。五が天の光であるぞ。白、青、黄、赤、黒の色であるぞ。

第十五帖　（八四九）

百《もも》足らず八十《やそ》隈手《くまで》今開《ひら》かん時ぞ

天のことは、今までは人民には分からなかったのであるぞ。時巡りきて、岩戸が開《ひら》けて、分かるようになったのぞ。今までの人民であってはならん。地そのものが変わっているのであるぞ。人民は我《が》が強いから、一番遅れているのであるぞ。人民の中では、宗教人が一等遅れているぞ。神人《かみひと》とならねば、生きてはゆかれんのぢゃ。天地が天地《あめつち》となってきているからぞ。天も近うなるぞ。地も近うなるぞと気つけてありたのに、目覚めた人民少ないぞ。今に昇り降《お》りで忙しくなり、衝突するものも出てくるぞ。

他人におんぶされたり、車に乗せられていた人民達よ。もうその時は過ぎているのであるから、自分の足で歩まねばならんぞ。大地を踏みしめよ。大地のキが身内に甦《よみがえ》るぞ。

五十黙示録

第二巻　碧玉《みどりたま》の巻　全十九帖

昭和三十六年五月六日

第一帖　（八五〇）

反対の世界と合流する時、平面の上でやろうとすれば濁るばかりぢゃ。合流するには、立体でやらねばならん。立体となれば反対が反対でなくなるぞ。立体から複立体に、複々立体に、立々体にと申してあろ。漸次《ぜんじ》輪を大きく、広く、深く進めてゆかねばならんぞ。それが岩戸開《びら》きぢゃ。低い世界は、戒律なくてはならんぞ。人民の頭で、戒律と秩序、法則をごっちゃにしてござるぞ。平面と立体とをごっちゃにするのと同じ迷いの道であるぞ。気つけくだされよ。

病むことは、神から白紙の巻物をもらったことぢゃ。この巻物をどんなに読みとるかによって、新しき道が開《ひら》けるのぢゃ。神からの巻物、疎《おろそ》かにするでないぞ。

第二帖　（八五二）

気の合う者のみで和してござるなれど、それでは和にならんと知らしてあろがな。今度は合わん者と合わせるのぢゃ。岩戸が開《ひら》けたから、逆さまのものが出てきているのぢゃ。

この行《ぎょう》、なかなかであるなれど、これができねば岩戸は開《ひら》けんのぢゃ。まことの神さえ魔神の罠に掛かってござるのぢゃ。人民が騙されるのも無理ないようなれど、騙されていては今度の御用《ごよう》は成就せんぞ。自分自身に騙されている人民も多いのであるが、ついてござれよ。少しは苦しき行もあるなれど、見事なことをいたして御《お》目にかけるぞ。自分でもびっくりぢゃ。

初めからの筆《ふで》、よく読んでくだされよ。霊懸《れいがか》りよろしくないぞ。やめてくだされと申してあろ。

第三帖　（八五二）

命《いのち》の木、命の水《みず》を間違えてくださるなよ。木とはキであるぞ。水とは道であるぞ。木と水にたとえてあるを、そのままに取るから、囚われた迷信となるのぢゃ。

第四帖　（八五三）

まことの懺悔《ざんげ》は、正法をおさむることであるぞ。掃除することであるぞ。まず御《おさ》め、次に治め、次に知《おさ》めねばならんぞ、素戔嗚大神《すさなるのおおかみ》は、まず滄海原《あおうなはら》を御《おさ》め給《たま》い、更に滄海之原を治め給い、次に天《あめ》の下《した》を知《おさ》め給うたのであるぞ。素戔嗚《すさなるの》大神《おおかみ》が悪神と映るのは、悪がそなたの中にあるからであるぞ。

第五帖　（八五四）

七は成り、八は開《ひら》くと申してあろが。八の隈から開《ひら》きかけるのであるぞ。開《ひら》けると○と九と十との三《み》が出てくる。これを宮と申すのぞ。宮とは、まことのことであるぞ。西と東に宮建てよと申すこと、これでよく分かるであろが。まことの数を合わせると、五と五十であるぞ。中心に五があり、その周辺が五十となるのであるぞ。これが根本の型であり、型の歌であり、型の数であるぞ。摩邇《まに》の玉《たま》であるぞ。五十は伊勢であるぞ。五百は日本であるぞ。五千は世界であるぞ。この方《ほう》、五千の山、五万の川、五億の国であるぞと申してあろがな。

第六帖　（八五五）

禍《わざわい》というものはないのであるぞ。光を忘れ、光に背くから、嫌なことが起こるのぢゃ。影が差すのぢゃ。禍《わざわい》とか悲しみとかいう、暗いものがないのがまことであるぞ。

中心はム（無《む》）と申してあろ。中心は見えんから、分からんから、外のカスばかり見ているから、つまらんことでつまらんことが起こってくるのぞ。その見えぬ力が、永遠の命《いのち》と現れるのであるぞ。見えるものは有限ぢゃ。

この世の大泥棒を高山《たかやま》ぢゃと申して、この世を自由にさせておいてよいのか。元の元の元をよく見極め、中の中の中の見えぬものを摑《つか》まねばならんぞ。そこから正さねば、外側からばかり清めても、何もならん。

第七帖（八五六）

初めの日は、初めの日に過ぎん。初めの前にあるものが分からなければ、それはただの理屈に過ぎんぞ。まことでないぞ。根から出たものではない。枝葉に過ぎん。

男から女は生まれんぞ。奇数から偶数は生まれんと申してあろが。一つのものの表が男であるぞ。裏が女であるぞ。男から女を創ったと申すのは、ある時期における教えぢゃ。岩戸が開《ひら》けたのであるから、教えではならん。道でなくてはならんと申してあるぞ。道は永遠ぢゃ。◯から出て◯に至るのぢゃ。

第八帖　（八五七）

四つ足を食ってはならん。共食いとなるぞ。草木から動物生まれると申してあろ。臣民《しんみん》の食べ物は、五穀野菜の類であるぞ。

今の人民の申す善も悪も一度に開《ひら》いて、ぱっと咲き出るのが、次の世の新しき世のありさまであるぞ。取り違いせぬように。悪と申しても、魔ではないぞ。悪であるぞ。

大峠の最中になったら、キリキリ舞いして助けてくれと押し寄せるなれど、その時では間に合わん。逆立ちしてお詫《わ》びに来ても、どうすることもできん。

皆己の心であるからぞ。今の内に改心、結構。

神の申す言葉が分からぬならば、天地のあり方、天地のあり方による動きを、よく見極めてくだされよ。納得のゆくようにいたして、見せてあるでないか。

第九帖（八五八）

九分《くぶ》行ったら一《ひと》休みせよ。始めから終わりまで休まずにゆくと、今の人民では息切れいたすぞ。一休みして、自分の来た道を振り返れよ。

この世の世話をさすために、人民には肉体を与えてあるのぞ。生き神がしたのでは、こぼれん者がたくさんに出てくるからぢゃ。

立て替え、立て直し、一時に来ているから、我《われ》よしの人民には分からんことになるぞ。この世の動きが分からんのは、我《われ》よしざからぞ。今度の岩戸開《びら》きは、五度の岩戸閉めを一度に開《ひら》くのであるから、人民にはなかなかに理解できんことに折り重なってくるから、何事も神の申すとおり、はいはいと素直に聞くのが一等であるぞ。

第十帖　（八五九）

岩戸閉めの初めは、那岐《なき》、那美《なみ》の命《みこと》の時であるぞ。那美《なみ》の神が火の神を生んで黄泉国《よもつくに》に入られたのが、そもそもであるぞ。十の卵を八つ生んで、二つ残してゆかれたのであるぞ。十二の卵を十生んだことにもなるのであるぞ。五つの卵を四つ生んだともいえるのであるぞ。すべて神界のこと、霊界のことは、現界から見れば妙なことであるなれど、それでちゃんと道にはまっているのであるぞ。一捻《ひとひね》りしてあるのぢゃ。天と地との間に大きレンズがあると思えば、段々に分かりてくるぞ。夫神、妻神、別れ別れになったから、一方的となったから、岩戸が閉められたのである道理、分かるであろうがな。

その後、独り神となられた夫神が、三神を始め、いろいろなものをお生みになったのであるが、それが一方的であることは申すまでもないことであろ。妻神も同様、黄泉大神《よもつおおかみ》となられて、黄泉国《よもつくに》のすべてを生み育て給《たま》うたのであるぞ。この夫婦神が、時巡り来て、千引の岩戸を開《ひら》かれて、相抱き給う時節来たのであるぞ。嬉し嬉しの時代となってきたのであるぞ。同じ名の神が至る所に現れてくるのざぞ。名は同じでも、働きは逆なのであるぞ。この二つが揃《そろ》うて、三つとなるのぞ。三《み》が道ぞと知らせてあろがな。時来たりなば、この千引の岩戸を共に開《ひら》かんと申してあろがな。

次の岩戸閉めは、天照大神《あまてらすおおかみ》の時ぞ。大神はまだ岩戸の中にましますのぞ。騙した岩戸からは、騙した神がお出ましぞと知らせてあろ。いよいよとなって、まことの天照大神《あまてらすおおかみ》、天照皇大神《あまてらすすめおおかみ》、日の大神揃うて、お出まし近うなってきたぞ。

次の岩戸閉めは、素戔嗚尊《すさなるのみこと》にすべての罪を着せて根の国に追いやった時であるぞ。素戔嗚尊《すさなるのみこと》は、天ケ下《あめがした》を治《し》らしめす御《おん》役の神であるぞ。天ケ下《あめがした》は重きものの積もりて固まりたものであるから罪と見えるのであって、万《よろず》の天の神々が積もる（という）積みをよく理解せずして罪神と誤ってしまったので、これが正しく岩戸閉めであったぞ。尊《みこと》を荒ぶる神なりと申して伝えているなれど、あらぶる神とは粗暴な神ではないぞ。暴れ回り、壊し回る神ではないぞ。現生《あらふ》る神であるぞ。天ケ下《あめがした》、大国土を守り育て給う神であるぞ。取り違いしていて、申し訳あるまいがな。このことよく理解できねば、今度の大峠は越せんぞ。絶対の御《おん》力を発揮し給う、那岐《なき》、那美《なみ》両神が、天ケ下《あめがした》を治《し》らす御《おん》役目を命じられてお生みなされた、尊き御《おん》神であるぞ。

素戔《すさ》鳴尊《なるのみこと》にも二通りあるぞ。一神で生み給える御《おん》神と、夫婦呼吸を合わせて生み給える御《おん》神と二通りあるぞ。間違えてはならんことぞ。

神武《じんむ》天皇の岩戸閉めは、御《おん》自ら人皇を名乗り給うよりほかに道なきまでの御《おん》働きをなされたからであるぞ。神の代《よ》から人の代《よ》への移り変わりの事柄を、一応、岩戸に隠して、神倭伊波礼琵古命《かむやまといわれひこのみこと》として、人皇として立たれたのであるから、大きな岩戸閉めの一つであるぞ。

仏教の渡来までは、僅かながらもまことの神道《しんとう》の光が射していたのであるなれど、仏教と共に仏魔渡りきて、完全に岩戸が閉められて、暗闇《くらやみ》の世となったのであるぞ。そのあとはもう乱れ放題、やり放題の世となったのであるぞ。これが五度目の大き岩戸閉めであるぞ。

第十一帖　（八六〇）

宇宙のすべてが高天原《たかあまはら》であるぞ。天照大神《あまてらすおおかみ》は高天原《たかあまはら》を治《し》らし、また高天原《たかあまはら》を御《し》らし、また高天原《たかあまはら》を知らす御役《おんやく》。月読大神《つきよみのおおかみ》は天照大神《あまてらすおおかみ》と並びて、天のことを知らし、また蒼海原《あおうなはら》の潮《しお》の八百路《やおじ》を治《し》らし、また夜の食《お》す国を知らす御役《おん》。素戔嗚大神《すさなるのおおかみ》は蒼海原を治《し》らし、また蒼海之原を御《し》らし、また天の下《した》を知（治《し》）らす御役《おん》であるぞ。

第十二帖　（八六一）

捧げるもの、与えるものは、いくらでも無限にあるでないか。捧げよ、捧げよ。与えよ、与えよ。言葉こそは誰もが持てるその捧げものであるぞ。与えても与えてもなくならん、まことの宝であるぞ。

第十三帖　（八六二）

まだ◯《まる》のみ追うている人民、たくさんあるなれど、◯では世は治まらん。自分自身は満たされんぞ。・《てん》でなくてはならん。と申して、・だけでもならんぞ。・が元ぢゃ、内ぢゃ。◯は末ぢゃ、外ぢゃ。・から固めてくだされよ。◯は自《おの》ずからできてくる。相応《ふさわ》しい◯ができてくるのぢゃ。

今の世は開《ひら》けた開《ひら》けたと申しているが、それは半面だけのこと。半面が開《ひら》けると半面が閉ざされる世の中。開《あ》け放しの明るい世が、目の前に来ているぞ。用意はよいか。

真中動いてはならんと申してあろ。動くのは外ぢゃ。忙しい忙しいと申すのは、外側にいる証拠であるぞ。気つけて早う中心に飛び込めよ。真中、結構。

日本は真中の国であるぞ。日本精神は、真中精神、末代動かぬ精神であるぞ。三千世界の大掃除《おおそうじ》であるから、掃除するには、掃除する道具も要るぞ。人民も要るぞ。今のありさまでは、いつまで経っても掃除はできん。益々穢《けが》れるばかりぢゃ。一刻も早く、日本から、日本を足場として最後の大掃除を始めてくだされよ。神がいたすのでは人民がかあいそうなから、くどう申しているのぞ。

第十四帖　（八六三）

頭と尻尾だけでは何もできん。化物ぢゃ。八つ尾、八つ頭《かしら》の時代は済んだのであるぞ。肝心の胴体がないぞ。日本が胴体であるぞ。日本をどこに忘れてきたのか、自分でも分かるまいがな。尻の毛まで抜かれた化物の姿、鏡に映して見るがよい。鏡は筆ぢゃと早うから知らしてあろがな。

第十五帖　（八六四）

五六七の弥勒《みろく》の世から、六六六の弥勒《みろく》の世となるぞ。六六六がまことの弥勒《みろく》の世であるなれど、六六六では動きないぞ。六六六は天地人の大和の姿であるなれど、動きがないから、そのままでは弥栄《いやさか》せんのぢゃ。６６６となり、また六六六とならねばならんぞ。新しき世の姿、よく心得よ。

第十六帖　（八六五）

盲《めくら》の人民がいくら集まって相談すればとて、すればするほど、闇《やみ》となるのぢゃ。ゆき詰まって、上げも下ろしもできんことになるのぢゃぞ。すべてを数だけで決めようとするから、悪平等となるのぢゃ。盲をいくら並べてみても何もならん。早う改心せよ。新しき魂《たま》の選挙があるでないか。

第十七帖　（八六六）

始めに碧玉《みどりたま》を並べてくだされよ。次に赤玉、次に赤黄玉、次に黄赤玉、次に黄玉、次に黄青玉、次に青黄玉、次に青玉、次に青赤玉、次に赤青玉、次に紫水晶、合わせて十一玉。

この巻、碧玉の巻であるぞ。

第十八帖　（八六七）

氷と水と水蒸気ぢゃと申してあろがな。同じであって違うのぞと知らしてあろ。地には地の、天には天の、神には神の、人民には人民の、動物には動物の、植物には植物の、それぞれの法則があり、秩序があるのであるぞ。

霊界に起こったことが現界に映ると申しても、そのままで映るのではないぞ。また物質界が霊界に反映すると申しても、そのままに反映するのではないぞ。

すべてが大神の中での動きであるから、喜びが法則となり、秩序となって、統一されてゆくのであるぞ。それを太摩邇《ふとまに》と申すのぞ。大神の歓喜から生まれたものであるが、大神もその法則、秩序、統一性を破ることはできない、大宇宙の鉄則であるぞ。鉄則ではあるが、無限角度を持つ玉であるから、いかようにも変化して誤らない、摩邇の玉とも申すのであるぞ。

その鉄則は、第一段階から第二段階に、第二段階から第三段階にと、絶えず完成から超完成に向かって弥栄するのであるぞ。弥栄すればこそ呼吸し、脈拍し、進展してやまないのであるぞ。

このこと分かれば、次の世のあり方の根本がありやかとなるのであるぞ。

第十九帖　（八六八）

百は九十九によって働き、五十は四十九によって、二十は十九によって働くのであるぞ。この場合、百も五十も二十も、天であり、始めであるぞ。働きは地の現れ方であるぞ。太摩邇《ふとまに》とは、二十の玉であり、十九は常立《とこたち》であるぞ。根本の宮は二十年毎に新しくいたさねばならん。十九年過ぎて、二十年目であるぞ。地上的考え方で二十年を一回《ひと》りと考えているが、十九年で一回《ひと》りするのであるぞ。いろはの姿見よ。

五十黙示録

第三巻　星座の巻　全二十五帖

昭和三十六年五月十日

第一帖　（八六九）

この巻、星座の巻。

偶然と申すのは、宇宙世界、星の世界の必然からのものであって、偶然ではないぞ。天に星のある如く、地には潮《しお》があるのであるぞ。潮《しほ》、コオロコオロに掻《か》きならして大地を生みあげた如く、星《ほし》をコオロコオロに掻《か》きならして、天を生みあげたのであるぞ。天の水、地の水、水の中の天、水の中の地。空は天のみにあるのではないぞ。地の中にもあるのぞ。天にお日様ある如く、地中にも火球があるぞと申してあろ。同じ名の神二つあるぞ。大切ことぢゃ。

第二帖　（八七〇）

成るの仕組とは、鳴門（成る十《と》）の仕組であるぞ。八が十に成る仕組。岩戸開《ひら》く仕組。今まではなかなかに分からなんだのであるが、時節が来て、岩戸が開《ひら》けてきたから、見当つくであろう。富士（二二《ふじ》）と鳴門（成る十《と》）の仕組、結構いたしくれよ。

第三帖　（八七一）

時、時と申してあるが、時間ではないぞ。神々にも聞かせているのぞ。地上人には時間が考えられるなれど、神界には時間がなく、神も霊人も時間は知らないのであるぞ。ただ喜びがあるのみぞ。神界で時間と申すのは、ものの連続と変化、状態の弥栄《いやさか》のことであるぞ。時待てよ。時違えるでないぞ。地上人の時間と区別して考えねば、この筆は分からんぞ。

第四帖　（八七二）

人民もの言えんことになると申してありたこと、近うなったぞ。手も足も出んこと、近づいたぞ。神がいたすのでない、人民自身でいたすこと、分かりてくるぞ。人民の学《がく》や知では、何とも判断できんことになるぞ。右往左往しても、世界中かけ回っても、何もならんぞ。分からんでも、分かりた顔せねばならん時が来たぞ。嘘《うそ》の上塗り御《ご》苦労ぞ。人民がいよいよお手上げということに世界がゆき詰まりて、神の働きが現れるのであるぞ。

日本人びっくりぢゃ。日本人はいくらでも生み出されるが、日本の国はできまいがな。体中、黄金《こがね》に光っているのが、国常立大神《くにとこたちのおおかみ》のある活動の時の御《おん》姿ぞ。白銀《しろがね》は豊雲野大神《とよくもぬのおおかみ》であるぞ。今の科学では分からん。一万年や三万年の人間の地上的学では、分からんこと。国常立大神《くにとこたちのおおかみ》のこの世の肉体の影が、日本列島であるぞ。分からんことが、いよいよ分からんことになったであろうが。元の元の元の神の申すこと、よく聞き分けなされよ。神の学でなければ、今度の岩戸は開《ひら》けんぞ。

第五帖　（八七三）

悪の仕組どおり、悪平等、悪公平の選挙で選び出すのざから、出るものは悪に決まっているでないか。悪もよいなれど、悪も神の働きであるなれど、悪が表に出ること相《あい》ならん。

第六帖　（八七四）

人民と申すものは、命《いのち》が短いから、気が短いから、仕組少しでも遅れると、この神は駄目ぢゃと、予言が違ったではないかと申すなれど、二度とない大立て替えであるから、少しくらいの遅し早しはあるぞ。それも皆、人民一人でも多く助けたい神の心からぢゃ。遅れても文句申すが、早くなってもまた文句を申すぞ。分からんと申すものは、恐ろしいものであるぞ。

第七帖　（八七五）

この世を創った大神の筆ぞ。一分《いちぶ》一厘《いちりん》違わんことばかり。あとになって気がついても、その時では遅い遅い。

この神は、現在もなお太古を生み、中世を生み、現在を生み、未来を生みつつあるのぞ。この道理、分かりてくだされよ。

世界は進歩し、文明するのでないぞ。呼吸するのみぞ。脈拍するのみぞ。変化するのみぞ。グルグル回るのみぞ。歓喜弥栄とはこのことぞ。

第八帖　（八七六）

人民、一度死んでくだされよ。死なねば甦《よみがえ》られん時となったのぞ。今までの衣を脱いでくだされと申してあろ。世が変わると申してあろ。地上界のすべてが変わるのぞ。人民のみ、このままというわけには参らぬ。死んで生きてくだされよ。

立て替え、立て直し。過去と未来と同時に来て、同じところで一《ひと》まず交り合うのであるから、人民には合点《がてん》ゆかん、新しき世となる終わりのギリギリの仕上げの様相であるぞ。

第九帖　（八七七）

白と黒とを混ぜ合わせると灰色となる常識は、もう役に立たんぞ。白黒混ぜると鉛となり、鉄となり、銅となるぞ。さらに、銀となり、黄金となるぞ。これが弥勒《みろく》の世のあり方ぞ。五と五では動きとれん。そなたの足下《あしもと》に、来たるべき世界は既に芽生えているでないか。

第十帖　（八七八）

世の元は〇であるぞ。世の末も〇であるぞ。〇から〇に弥栄するが、その動きは左回りと右回りであるぞ。（と）と申してあろ。その中心に動かぬ動きあるぞ。何もかも、人民まで変わるのが今度の大立て替え。食べ物も、衣類も、住居も皆変わるぞと申している時が来ているのぞ。いつまでちょん髷《まげ》を頭に載せているのか。腱《けん》引《び》き、今一度痛くなるぞ。その腱《けん》引《び》き、今度は東の方《ほう》ぢゃ。

第十一帖　（八七九）

自由も共産も共倒れ。岩戸が開《ひら》けたのであるから、元の元の元のキの道でなくては、玉《たま》の道でなくては立ちてはゆかん。動かん富士の仕組、開《ひら》けて渦巻く鳴門ぢゃ。新しき人民の住む所、霊界と現界の両面を持つ所。この岩戸開《ひら》きて、二度とない九十《こと》で開《ひら》く仕組。

第十二帖　（八八〇）

地上界に山や川もあるから、霊界に山や川があるのでない。霊界の山川がまことぞ。地上はそのまことの映しであり、ことであるぞ。まが霊界ぢゃ。地上人は半分は霊界で思想し、霊人は地上界を足場としている。互いに入り替わって交わっているのぞ。このこと分かれば、来るべき世界が、半霊半物、四次元の高度の、影ない嬉し嬉しの世であるから、人民も浄化行せねばならん。大本《おおもと》の道に返り、歩まねばならん。今までのような物質でない物質の世となるのであるぞ。

第十三帖　（八八一）

父のみ拝《おろが》み称えただけでは足りない。母に抱かれねば、母の乳をいただかねば、正しく成長できないのであるぞ。一神として拝んでも足りぬ、二（柱）でも一方的、十万柱としても一方的ぞ。マイナスの神を拝《おろが》まねばならん。マイナスの神とは、母のことぢゃ。天にましますのみでは足りないぞ。天にあれば必ず地にもあるぞ。一即多即汎《いちそくたそくはん》。地即天《ちそくてん》、天即地《てんそくち》から表即裏《おもてそくうら》である。まことを行じてくだされよ。

第十四帖　（八八二）

目から泥を洗い去ると見えてくるぞ。右の目ばかりではならん。左の目の泥も落とせよ。泥のついていない人民、一人もないぞ。泥落とすには水がよいぞ。世の元からの真清水《ましみず》で、洗い落としくだされよ。世の元の元の元の真清水、結構。

第十五帖　（八八三）

十二人が一人欠けて、十一人となるぞ。その守護神を加えて二十二柱。二十二が富士ぢゃ、真理ぢゃ。また、三であるぞ。今までは、四本指、八本指で物事を測って誤りなかったのであるが、岩戸が開《あ》けたから、親指が現れて五本十本となったのぢゃ。このこと、よくわきまえよ。

第十六帖　（八八四）

偽《にせ》の愛、偽《にせ》の智と申すのは、神を信じない人民の愛と智であることを知れよ。この人民達は、神の声を聞いても聞こえず、神の現れを見ても見えないのであるぞ。目を閉じ、耳に蓋《ふた》しているからぞ。今の人民よ、学者よ、金持ちよ、早う考え方を変えねば間に合わん。心の窓、早う開《ひら》けよ。

第十七帖　（八八五）

土の饅頭《まんじゅう》と申してあろ。土が食べられると申してあろ。土から人民を生んだと申してあろ。艮金神《うしとらこんじん》の肉体は、日本の土ざと知らしてあろ。土に生きよと申してあろ。地は血であるぞ。素戔鳴尊《すさなるのみこと》様であるぞ。その土が成長して、果ての果てに皮を脱ぐ。それが地変であるぞ。

第十八帖（八八六）

天人が人民に語る時は、人民の中に来て、その人民の持つ言葉で語り、文字を使うのであるぞ。自分と自分と語る如くなるのであるぞ。天人同士の文字は、数字が多いぞ。夜明け前になると霊懸《れいがか》りがウヨウヨ。勝手放題に混ぜくり返すなれど、それもしばらくの狂言。

第十九帖（八八七）

人民、もの言わなくなると申してあろが。ものが今までのようにものを言わなくなり、まことの世となるぞ。天人の言葉はまことであるから、ただ一言で万語を伝え得るぞ。言葉の命《いのち》は愛であり、真《しん》であるから、真愛から発しない言葉は、まことの言葉でないぞ。子音と母音と組み組みて、父音のキを入れて、初めて言葉となるのぢゃ。今の人民のは言葉でないぞ。日本の古語がまことの言葉ぞ。言霊《ことだま》ぞ。数霊《かずたま》と共に弥栄ゆく仕組。

第二十帖　（八八八）

人民が正しく言葉すれば、霊も同時に言霊《ことだま》するぞ。神も応え給《たま》うのであるぞ。始め言葉の元があるぞ。ムムムムムウウウウヽヽヽヽヽアと現れるぞ。神の現れであるぞ。言葉は神を称えるものぞ。まことを伝えるものぞ。共に鳴り、共に栄えるものぞ。

第二十一帖　（八八九）

言葉は生まれ出るものぢゃ。まず言葉され、歌となり、文章となり、また絵画となり、彫刻となり、建築となり、また音楽となり、舞踊となり、あらゆる芸術の元となるのであるぞ。神に通ずればこそ、愛であり、真《しん》であり、善であり、美であり、喜びであるぞ。喜びなきものは芸術でないぞ。今の芸術は死の芸術、魔の芸術。

第二十二帖　（八九〇）

アとオとウとは天人の言葉、アとエとイは天使の言葉、人民に与えられた元の言葉であるぞ。五柱の元つ大神が、十柱の夫婦神と現れ、十柱の御《み》子と交わって五十神と現れるのぢゃ。ゆえに五十神の中の三十二神は、新しく生まれるのぢゃ。さらに、二十七神と働き、また二十五有法と働くぞ。

第二十三帖　（八九一）

二二《にじゅうに》の二《つぎ》の五つの今開《あ》けて万因縁《よろずいんねん》出《い》づる時来ぬ

天の理が地に現れる時が、岩戸開《あ》けぞ。日本の国が甘露台《かんろだい》ぢゃ。

第二十四帖　（八九二）

（欠帖）

第二十五帖　（八九三）

歓喜に裁きのない如く、神には裁きなし。裁き説く宗教は、いよいよ骨なしフニャフニャ腰となるぞ。戒律や裁きは低い段階、過去の部分的一面に過ぎん。

裁きを説くのは、自分で自分を裁いていること。人民に罪なし。

手長手伸堅磐常磐《たながたのしかきわときわ》に祝う御《み》世なる
生井栄井綱長井阿須波比支《いくいさかいつながいあすはいき》称えましを
底つ岩根《いわね》千木《ちぎ》岩《いわ》高く瑞《みず》の御舎《みあらか》
四方《よも》の御門《みかど》五方《いつも》と開《ひら》き珍幣帛《うずみてくら》を
巫《かんなぎ》の辞竟奉《ことおえまつ》る生足《いくたる》御《み》国
潮沫《しおなわ》の留《とど》まる限り皇国《みくに》弥栄《やさか》ゆ

海原《うなばら》の辺《べ》にも沖にも神留《つま》ります
天の壁地《くに》の退立《そきた》つ極み手伸《たのし》き
八十綱《やそつな》を百綱《ももつな》とかけてせさし給《たま》わん

五十黙示録

第四巻　龍音《りゅうおん》の巻　全十九帖

昭和三十六年八月三日

第一帖　（八九四）

この巻、龍音《りゅうおん》の巻。続く巻五は極《きわ》みの巻、巻六は至恩《しおん》の巻、巻七は五葉《ごよう》の巻ぞ。

この五十黙示の七巻は神、人共に与えたもの、一巻から続いたものぞ。同じ意を持つものが、天国にもあるのであるぞ。合わせて三十巻。これで岩戸までの筆の終わりぞ。前に出した、黄金の巻からの七巻は、人民に与えたものであるぞ。

言《こと》やめて草の片葉《かきは》も日に伸びゆかな
八十隈手《やそくまで》ゆきにし神は今帰ります
素戔鳴尊《すさなるのみこと》しらせる海原《うなばら》ぞやよ

天《あめ》ケ下《がした》落つる隈《くま》なく照らす大神

高短《たかひき》の伊穂理《いほり》かき分け聞こし召すらん

罪という罪はあらじな神の子なれば

一二三百千万《ひふみももちよろず》と咲《え》ます元《もと》つ大神

八十伴《やそとも》の男百《おもも》足り足りて仕え奉《まつ》らん

ゆく水に清めて仕う極みの御舎《みあらか》

言霊《ことだま》の栄ゆる御《み》歌に祓《はら》いてましを

禊《みそぎ》して祝う命《いのち》ぞ弥栄《やさか》ましませ
安国の瑞穂《みずほ》の国としらし給《たま》いぬ
八重雲《やえぐも》の十重雲《とえぐも》千別《ちわ》き千別き天降《あも》りぬ
千木高知《ちぎたかし》り瑞《みず》の御《み》舎《あらか》咲《え》み仕えなん
許々太久《ここたく》の罪はあらじな大岩戸開《あ》く
四方《よも》の国咲《え》み集うらし真中の国に
善き悪しき皆祓《はら》いませ科戸《しなど》の風に

第二帖　（八九五）

八束穂《やつかほ》の十束穂《とつかほ》とこそ実らせ給《たま》え
瓶原《みかのはら》みて並べてぞ天地《あめつち》の座に
御服《みそ》輝《かが》し明照和《あかてるにぎ》（明妙照妙和妙《あかたえてるたえにぎたえ》）風の随《まにま》に
巫《かんなぎ》の大御心《おおみこころ》のまま弥栄《いやさか》えん
千木《ちぎ》千木し瑞《みず》の御舎《みあらか》仕えまつらん
御前《おんまえ》に珍《うず》の幣帛《みてくら》称えまつ栄

大神の咲《え》みに弥《や》栄《さか》ゆ生国足国《いくくにたるくに》
狭《さ》き国は広く峻《さか》しき国は平《たいら》に
日のみかけ百島千島《ももしまちしま》落つる隈なく
青雲のたなびく極み敷《し》きます宝座《みくら》
甘菜辛菜《あまなからな》地の極みまで生いてなお生ゆ
見はるかす四方《よも》の国皆えらぎ賑わう

第三帖　（八九六）

世界中が霊懸《れいがか》りとなると申してあるのは、今のことであるぞ。懸《かか》りている世界自身、分からなくなっているぞ。審神者《さにわ》せねばならん。審神者の方法、書き知らすぞ。世界を、日本を、自分を審神者せねばならん。

目に見えぬ所からの通信は、高度のものほど肉体的には感応が弱くなり、暗示的となるものであるぞ。ドタン、バタン、大声で怒鳴り散らすのは、下の下。神も太摩邇《ふとまに》に従わねばならん。順を乱すわけには参らん。高度の霊が直《ただ》ちに肉体人に感応することはなく、それぞれの段階を経て感応するのであることを忘れてはならんぞ。

下級霊は現実界と紙一重の所に住んでいるのであるから、その感応は極めて強く、いかにももっともらしく人民の目に映るものであるぞ。

高度のものは、その人民の身魂《みたま》のいかんによって、それと同一波調の神霊に伝達され、その神霊の感応によって表現されるのであるぞ。

特別の使命を持つ天使は、最下級の霊界まで降《くだ》ってきて、人民に特別な通信をなし、指示することもあるぞ。また天使の霊が母体に宿り、人民として生まれてくることもあるぞ。末世にはこの種《しゅ》の降誕人がたくさんあるぞ。

第四帖　（八九七）

霊界と申しても神界と幽界に大別され、また神界は天国と霊国に分けられ、天国には天人、霊国には天使が住み、幽界は陽界と陰界に分れ、陽霊人、陰霊人とがおる。

陽霊人とは人民の中の悪人の如く、陰霊人とは善人の如き性を持っているぞ。高い段階から申せば、善も悪も、神界も幽界もないのであるが、人民の頭で分かるように申しているのであるぞ。幽界は本来はないものであるが、人民の地獄的想念が生み出したものであるぞ。

第五帖　（八九八）

幽界は人間界と最も深い関係にあり、初期の霊懸《れいがか》りのほとんどは、この幽界からの感応によることを忘れるでないぞ。霊懸《れいがか》りの動作をよく見極めればすぐ分かる。高ぶったり、威張ったり、命令したり、断言したり、高度の神名を名乗ったりするものは、必ず下級霊であるぞ。インチキ霊であるぞ。インチキ霊にかかるなよ。たとえ神の言葉でも、なお審神者《さにわ》せよと申してあろ。

迷信であっても、それを信ずる人が多くなれば、信ずる想念によって実体化し、有力な幽界の一部を作り出すことがあるから、気つけておくぞ。なきはずのものを生み出し、それがまた地上界に反映してくるのであるから、心してくだされよ。今の人民、九分九厘《くぶくりん》は幽界との繋がりを持つ。胸に手を当てて、よくよく自分を審神者せよ。

第六帖　（八九九）

霊的良識は、筆や神典類によって、また体験によって養われ、また高度な科学書も参考となるものぞ。科学を馬鹿にしてはならん。幽界の霊であっても、高度のものともなれば、神界の高級神霊と区別することが難しいぞ。初歩の審《さ》神者《にわ》の誤り易《やす》いところであり、また霊眼するものの誤り易いところ。注意しなければならん。例えば霊光の如きものも強く大きくて、なかなかに審神者できないぞ。

第七帖　（九〇〇）

仙人と申すものは、いかに高度なものであっても、それは幽界に属す。仙人界には戒律があるからぞ。神界には戒律なし。戒律ある宗教は亡びる。まことの宗教には戒律はないぞ。しかし、神界にも仙人的存在はあるぞ。

第八帖　（九〇一）

龍体をもつ霊は、神界にも幽界にもあるぞ。龍体であるからと申して、神界に属すると早合点《はやがってん》ならん。

第九帖　（九〇二）

霊界に住むものは、多くの場合、自分の住む霊界以外のことは知らない。その霊界が、すべての霊界であるかの如く思うものであるぞ。同じ平面上に繋がる霊界のことは大体見当つくのであるなれど、段階が異なってくると分からなくなるのであるぞ。他の霊界は、霊自身の持つ感覚の対象とならないからである。

人民界のことをよく知っている霊は、人民界を去って間もない霊か、地上世界に長く住んでいた動物霊か、人民に憑依していた霊であるぞ。特別な使命を持つ天使は別として、人霊以外の霊で人民に憑依するのは、日本では天狗《てんぐ》風《てき》、神風《てき》、仙人風《てき》、狐《きつね》風《てき》、狸《たぬき》風《てき》、猫風《てき》などが大部分であるから気つけおくぞ。

第十帖　（九〇三）

人間の肉体にほかの霊が入って自由にしているのだと、多くの霊覚者や審神《さに》者《わ》が信じているなれど、事実そう見えるなれど、それは誤りであるぞ。人間の肉体は原則として、真理の宿り給《たま》う神の生宮であるから、下級霊はなかなかに入ることはできん。例外はあるなれど、肉体霊、外部霊、副守護霊等の想念は、ときによって動物的、幽界的となるものであるから、それと同一波調の動物的霊が感応する。感応はするが、肉体の内部までは入り込めない。しかし、感応の度が強ければ、入ったと同様に見える状態となるのである。先祖霊も大体同様であるぞ。

第十一帖（九〇四）

霊には、物質は感覚の対象とはならない。霊には、人間の肉体はないのと同じである。

祖先霊に化けて、何かを企てる動物霊が多いから注意せよ。動物霊がなぜ祖先のことを知るかと申せば、その憑依《ひょうい》の対象となる人間の肉体霊の知っていることを、直ちに知り得るからである。

第十二帖（九〇五）

動物霊が人間の言葉を使うことは、腑《ふ》に落ちないと申す者がたくさんあるなれど、よく考えてみよ。例えば他人の家《いえ》に入って、そこにある道具類をそのまま使用するのと同じ道理ぢゃ。分かりたか。動物霊でもほかの霊でも、人間に感応したならば、その人間の持つ言葉をある程度使いこなせるのであるぞ。ゆえに日本人に感応すれば日本語、米人なれば英語を語るのであるぞ。

今の偉い人民がこの筆を読むと、理窟に合わん無茶苦茶な文章であるから下級霊の所産だと断ずるなれど、それはあまりにも霊界のことを知らぬ、霊的白《はく》痴《ち》であることを自分で白状しているのぞ。気の毒ぢゃなあ。まして、この筆は八通りに読めるのであるから、いよいよ分からんことになるぞ。

第十三帖　（九〇六）

ときに例外として、人間の魂と動物の魂と入れ替っていることもあるぞ。この場合は、肉体に入り込んだと考えてよいぞ。こういう場合、例えばそれが狐《きつね》ならば狐の様相を露呈するから、誰にでもすぐ分かるなれど、悪行を積んだ霊ともなれば、巧みにその時代時代の流れに合わせて化けているから、なかなか見破ること難しいぞ。心得なされよ。

ある種《しゅ》の霊は、自分自身は高度な神界に住んでいると誤信しているものもあるが、こうした霊が感応した場合は、自信を持って断言する場合が多い。人間が知らぬ世界のことを、自信を持って強く告げられると、多くの審神者《さにわ》は参ってしまうぞ。

第十四帖（九〇七）

幽界霊も、ときにより正しく善なることを申すなれど、それはただ申すだけであるぞ。悪人が口先だけで善を語るようなものであるぞ。善いことを語ったとて、直ちに善神と思ってはならん。善い言葉ならば、たとえ悪神が語ってもよいではないかと申す者もあるなれど、それは理窟ぢゃ。甘ければ砂糖でなくサッカリンでもよいではないかと申すことぞ。

まことの善言真語は、心、言、行《おこな》い、一致であるから直ちに力する。言葉の上のみ同一であっても、心、言、行いが一致いたしておらぬと力せぬ。

偽りの言葉は、落ち着いて聞けばすぐ分かるぞ。同じはいと言う返事でも、不満を持つ時と喜びの時では、違うであろうがな。

我《われ》は天照大神《あまてらすおおかみ》なりなどと名乗る霊に、ろくなものはないぞ。大言壮語する人民は眉唾《まゆつば》もの。

第十五帖　(九〇八)

審神者《さにわ》は、場合によって霊媒を誘導してもよいぞ。また霊に向かって常《つね》に愛を持って接しなければならんぞ。誰でも絶えず霊界との繫がりがあり、霊界からの呼び掛けがあるから、審神者はそれを助け、導くように努力しなければならんぞ。

第十六帖　(九〇九)

初めに出てくる霊は、ほとんど下級霊であるぞ。玄関にまず出てくるのは玄関番であるぞ。祖霊の出る場合は、何か頼みたい場合が多いぞ。浄化した高級霊ともなれば、人民に分かるような感応はほとんどないぞ。

第十七帖　（九一〇）

霊の要求ぢゃと申して、そのまま受け入れてはならんぞ。よく判断した上で処理せねばならん。

下級霊、動物霊の場合は酔いどれのように、箸にも棒にも掛からんことを申すものぞ。殊にその霊が病気に関連を持っている場合は微妙であるから、よく心得なされよ。悪い企て、悪い行為ぢゃとて、直ちに決めつけてはならん。やんわりと持ち掛けて、善きに導かねばならんぞ。悪を嫌う心があってはならん。悪抱き参らせと申してあろがな。邪道的要求を入れて一時的に病気を治すと、それに倍してぶり返すぞ。この呼吸、大切。

第十八帖　（九一一）

霊に⊙《ひつく》の筆を読んで聞かせてみよ。その偉大さがはっきり分かるぞ。どんな下級霊であっても、その霊を馬鹿にしてはいけない。馬鹿にすると、反射的に審神者《さにわ》を馬鹿にして、始末におえんことになるぞ。

霊覚者や行者の中には、奇跡的なことや非常識な行動をする者がよくあるぞ。一般の人民は、それに騙《だま》されることがよくあるぞ。いずれも下級霊の仕業であるぞ。正神には奇跡はない。奇跡ないことが大きな奇跡であるぞ。奇跡するものは亡びる。高級霊は態度が立派であるぞ。分かりたか。

第十九帖　（九一二）

霊の発動を止《と》めて静かにする法は、国常立大神《くにとこたちのおおかみ》、守り給《たま》え、幸《さきわ》え給えと三回繰り返すこと。また素戔嗚大神《すさなるのおおかみ》、守り給え、幸《さきわ》え給えと三回繰り返すこと。または大日月地大神《おおひつきくにのおおかみ》、守り給え、幸《さきわ》え給えと三回繰り返すこと。世界そのものの霊懸《れいがか》り、日本の霊懸《れいがか》り、早う鎮めんと手におえんこととなるが、見てござれよ。見事なことをいたして、お目に掛けるぞ。

五十黙示録

第五巻　極《きわ》みの巻　全二十帖

昭和三十六年八月五日

第一帖　（九一三）

宇都志水《うつしみず》に天津水《あまつみず》添え奉《たてまつ》らんを

夕日より朝日照るまで太祝詞《ふとのりと》せん

火産霊《ほむすび》の御陰《みほと》焼かえて岩戸閉ざしき

世界を一つにするのであるから、王は一人でよいぞ。動きは二つ三つとなるのぢゃ。キはキの動き、ミはミの動き、動いて和してキミと動くのぢゃ。三《み》が道ぞと知らしてあろ。

自他の境界作るでないぞ。自《おの》ずから自他の別と和が生まれて、お互いに折重なって栄えるのぢゃ。世界一家への歩み方、やり方、間違えるでないぞ。九分九厘《くぶくりん》まで進まねば、あとの一厘《いちりん》は分からん。今が九分九厘であるぞ。

日本は日本、世界は世界。日本は世界の型国。自《おの》ずから相違あるぞ。

第二帖　（九一四）

青玉の水江の玉ゆいよよ栄へん

天地咲《え》ん神の礼白臣《いやしろおみ》の礼白《いやしろ》

天《あま》つ神の寿言《よごと》のままに八十《やそ》岩開《いわあ》けぬ

守護神を良くいたせば、肉体も良くなるぞ。

神の道は一本道であるから、多くに見えても終わりは一つになるのぢゃ。今が終わりの一本道に入るところ。この道に入れば、新しき世は目の前。神も今まではテンデンバラバラでありたなれど、今に一つにならねばならぬことに、天が命じているのであるぞ。人民の中と外も同様ぞ。今の人民はまことが足らんから、まことを申しても耳に入らんなれど、今度は神が人民にうつりて、また人民となりて、まことの花を咲かす仕組。同じことを百年も続けてくどう申すと人民は申すなれど、分からんから申しているのであるぞ。

第三帖　（九一五）

我《わ》が身を捨てて、三千世界に生きてくだされよ。我《わ》が身を捨てると申すことは、我《が》を捨てること、学を捨てることぢゃ。捨てると真理が摑めて、大層な御用ができるのであるぞ。

それぞれの言葉はあれど、みことは一つぢゃと申してあろが。みことに生きてくだされよ。言葉の裏には、虫が付いているぞ。英語学ぶと英語の虫に、支《し》那《な》語学ぶと支那語の虫に侵されがちぢゃ。分からねばならんし、なかなかながら御苦《ご》労してくだされよ。

大難を小難にすることはできるのであるが、なくすることはできん。不足申すと不足の虫が湧くぞ。怒ると怒りの虫ぞ。一生懸命、自分の信じるように神を小さくして、自分で割り切れるように引きずり下ろしておるなれど、困ったもんぢゃ。長くゆったりとした気持ちで、神を求めてくだされよ。

第四帖　（九一六）

大空に向かって腹の底から大きく呼吸して芥《ごもく》を吐き出し、大空を腹一杯、吸い込んでくだされよ。そなたの神を一応捨てて、心の洗濯をいたしてくれよ。筆が腹に入ったら、捨ててくだされと申してあろがな。神を信じつつ、迷信に落ちてござるぞ。

日本が日《ひ》の本の国、艮《うしとら》の固めの国、日出《い》づる国、国常立大神《くにとこたちのおおかみ》が艮《うしとら》の扉を開《あ》けて出《い》づる国ということが分かりてこんと、今度の岩戸開《びら》きは分からんぞ。こんなことを申せば、今の偉い人々は、古臭い迷信ぢゃと鼻にも掛けないなれど、国常立命《くにとこたちのみこと》が艮《うしとら》からお出ましになることが、岩戸開《びら》きぞ。

今の学では分からんことばかり。善と悪とに自分が勝手に分けて、善をやろうと申すのが、今の世界のあり方。天の王、地の王のこと、・のことがはっきり分からねば、足場がないではないか。足場も目当てもなくて、盲滅法《めくらめっぽう》に歩んだとて、目的にはゆき着けぬ道理。

第五帖（九一七）

詰まらぬことに心を残すのは、詰まらぬ霊界との縁《えにし》が残っていることぞ。早う岩戸を開《ひら》いて、富み栄えてくだされよ。人民富み栄えることは、神が富み栄えることぞ。

何事も祓《はら》い清めてくだされよ。清めるとは和すことぞ。違うもの同士和すのが、まことの和であるぞ。八までと九、十とは性が違うのぞ。

第六帖（九一八）

和すには五と五でなくてはならんが、陽が中、陰が外であるぞ。天が主で、地が従ぞ。男が上、女が下。これが正しき和ぞ。逆さまならん。これが公平と申すものぢゃ。陰と陰と、陽と陽と和しても陰ぢゃ。陽と陰と和して、初めて新しき陽が生まれる。陽が本質的なもの。この和し方が祓《はら》い清め。

第七帖（九一九）

今まで世に落ちていた神も、世に出ていた神も、皆一つ目ぢゃ。一方しか見えんから、世界のことは、逆の世界のことは分からんから、今度の岩戸開《びら》きの御用はなかなかぢゃ。早う改心して、この神についてござるのが一等であるぞ。

外国の方《ほう》が早う改心するぞ。外国人とは、逆の世界の人民のことであるぞ。神の目からは、世界の人民、皆我《わ》が子であるぞ。世界中、皆この神の肉体ぞ。この神には、何一つ分からん、できんと申すことないのぢゃ。どんなことでもいたしてみせるぞ。

第八帖　（九二〇）

元は五で固めたのぢゃ。天のあり方、天なる父は五であるぞ。それを中心として、ものが弥栄《いやさか》えゆく仕組。それを人民は、自分の頭で引き下げて四と見たから、ゆき詰まって、世界の難渋であるぞ。手や足の指は、なぜに五本であるか、誰にも分かるまいがな。

第九帖（九二）

天の五を地に映すと、地の五則となるのぢゃ。天の大神は、指を折りて数え給《たま》うたのであるぞ。天の大神の指も五本であるから、それを五度折りて二十五有法となされ、五十を基《もと》とされたのぢゃ。

神々、神心、神理、神気、神境であるぞ。この交叉弥栄は限りなし。これを五鎮と申すのであるぞ。

上天、下地、照日、輝月、光星、これを五極と申すぞ。

東木、南火、中土、西金、北水、これを五行と申す。

裸物、毛物、羽物、鱗物、甲物を五生と申し、文則、武則、楽則、稼則、用則を五法と申すのぢゃが、それだけでは足りない。その中に◯があるのぢゃ。大神がましますのぢゃ。

人民の頭では、なかなかに理解できんなれど、理解してくだされよ。これが妙であるぞ。奇であるぞ。天の父の教えであり、地に映した姿であるぞ。

第十帖　（九二二）

筆に出したら、天明《てんめい》に書かすのであるぞと知らしてあろ。筆はいくらでも神界に出してあるのぎゃ。神が想念したならば、神界ではそれが筆となっているのぎゃ。それを人民に分かるように書かすのぎゃ。父と母との文字で書かすのであるぞ。天明は筆写す役、書かす御《おん》役。

第十一帖　（九二三）

日当たりのことと、日陰のことと、一時に出てくるのぎゃ。立て壊しと立て直しが、一時に来るのぎゃ。神の申したとおりになっておろがな。学で説くと学の鬼に囚われるぞ。知で説くと知の、理で解くと理の鬼に囚われる。このままに伝えてくだされよ。

天の世界も潰《つぶ》してはならん。地の世界も潰すわけには参らんが、地上のことは潰さねば立て直し難しいなれど、見てござれよ。一厘の火水ででんぐり返して、見事なことをお目に掛けるぞ。

第十二帖　（九二四）

口先ばかりで、その場限りでうまいこと申してござるが、それは悪の花。心と行いが伴わんからぢゃ。己自身の戦が終わっていないからであるぞ。

そなたの持つ悪い癖を直してくだされよ。それが御神業《ごしんぎょう》ぢゃ。神々様も、自分の癖を直すために御《ご》苦労なさっているぞ。そのために成長する。昨日の自分であってはならんぞ。六十の手習いで止まってはならん。死ぬまで、死んでも手習いぢゃ。

お互いに拝《おろが》めよ。拝《おが》むとすべてが自分となる。拝《おが》む所へ集まってきて弥栄ぢゃ。

第十三帖　（九二五）

これまでに申して聞かせても、言うこと聞かぬ人民多いぞ。聞く耳ないならば、思うようにやってみなされ。グルグル回ってまた初めからぞ。人民は神の中にいるのであるから、いくら頑張っても神の外には出られん。死んでも神の中にいるのぞ。思うさまやりて得心改心。我《われ》が我《われ》がで苦しむのも薬と申すもの。

第十四帖　（九二六）

正しくないものが正しい方《ほう》に従わねばならんと人民申してござるなれど、正とか不正とか申す平面的衣《ころも》を、早う脱いでくだされよ。まことを衣としてくだされよ。まことを衣にするには、心がまことと成り成りて、まことの肉体とならねばならん。まこととは数ぢゃ、言《こと》ぢゃ、色ぢゃ。その配列、順序、法則ぞ。

第十五帖　（九二七）

右の頬を打たれたら左の頬を出せよ、それが無抵抗で平和の元ぢゃと申しているが、その心根をよく洗って見つめよ。それは無抵抗ではないぞ。打たれるようなものを心の中に持っているから、打たれるのぞ。まことにおれば、相手が手を振り上げても打つことはできん。よく聞き分けてくだされよ。笑ってくる赤子の無邪気は、打たれんであろうが。これが無抵抗ぞ。世界一家、天下泰平《てんかたいへい》ぢゃ。左の頬を出す愚かさをやめてくだされよ。

第十六帖　（九二八）

頭下げて低うなってみなされよ。必ず高い所から流れてくるぞ。高くとまっているから、流れてこんのぢゃ。神の恵みは、水のように淡々として、低きに流れてくるぞ。

自分が自分に騙されんように、心してくだされよ。善悪を決めて苦しんでござるぞ。
世界の片端、浜辺からいよいよが起こってきたぞ。夜明け近づいたぞ。

第十七帖 （九二九）

今までの逃《のが》れ場所は山であったが、今度は山に逃げても駄目。神の御《み》旨の中であるぞ。山に移りて海に入れよと申してあろ。今度のことぞ。

第十八帖 （九三〇）

この筆は、神と龍神と天人、天使と人民達に与えてあるのぢゃ。

天界での出来事は必ず地上に映りてくるのであるが、それを受け入れる、その時の地上の状態によって早くもなれば遅くもなり、ときによっては順序も違うのであるぞ。

人民は近目であるからいろいろと申すなれど、広い高い立場で、永遠の目でよく見極めてくだされよ。寸分の間違いもないのであるぞ。これが間違ったら宇宙は粉微塵《こなみじん》、神はないのであるぞ。

第十九帖（九三二）

天人、天使の行為が人民に映るのであるなれど、人民の自由、能力の範囲における行為は、また逆に天界に反映するのであるぞ。日本と唐《から》（支那《しな》）と土地が違うように、日本人と唐《から》人とは違う。天界の映り方も違うのであるぞ。同じ日本人でも、時と所によって違う。肌の細かい絹と荒壁に映る映画は、同じでも少しずつ違うようなもの。違って映るのがまことであるぞ。同じ数でも、123と一二三《ひふみ》は違うのであるぞ。分かりてくだされよ。新しき世界に進む大切なことぢゃ。

第二十帖　（九三二）

今の学者には、今の学しか分からん。それでは今度の岩戸開《びら》きの役には立たん。三千世界の岩戸開《びら》きであるから、少しでも太摩邇《ふとまに》に違ってはならんぞ。回りくどいようなれど、嫁《とつ》ぎの道から改めなされよ。出舟の港は夫婦からぢゃと申してあろ。美斗能麻具波比《みとのまぐはひ》でなければ、正しき秩序は生まれんぞ。素戔鳴尊《すさなるのみこと》が、荒ぶる神、悪神ではなく、人民の罪を背負ってくださる救い主の大神であることが分からねば、岩戸は開《ひら》けんぞ。新しき世界の宮は土地であるぞ。住まいであるぞ。永遠におわす神は、住む土地であるぞ。下には永遠の腕があるぞ。

五十黙示録

第六巻　至恩《しおん》の巻　全十六帖

昭和三十六年九月一日

第一帖　（九三三）

岩戸開《びら》きと申してあるが、天は天の、地は地の、人民は人民の、動植物は動植物の、それぞれの岩戸を開《ひら》くのであるから、その立場立場によって違うところがあるぞ。それを自分の物差しで測って、岩戸開《びら》きとはこんなものぞと定めていると、いよいよ分からん時代となってくるぞ。気つけおくぞ。

第二帖　（九三四）

太摩邇《ふとまに》とは、大宇宙の法則であり、秩序であるぞ。筆では◯一二三四五六七八九十と示し、その裏に十九八七六五四三二一◯があるぞ。◯九十《まこと》（まこと）の◯九十《まこと》であるぞ。合わせて二十二、富士（二二《ふじ》）であるぞ。筆の初めに示してあろ。富士は晴れたり日本晴れぞ。

第三帖　（九三五）

分かるように説いて聞かすから、今までの知を一《ひと》まず捨てて、生まれ赤子となりて聞いてくだされよ。

天宇受売命《あめのうずめのみこと》が天照大神《あまてらすおおかみ》に奉《まつ》った巻物には、一二三四五六七八九十と書いてあったのぞ。その時は、それで一応よかったのであるなれど、それは限られた時と所でのことで、永遠のものではないぞ。

第四帖　（九三六）

この時代には、一二三四五六七八九十の数と言葉で、死者も甦《よみがえ》るほどの力があったのであるなれど、段々と曇りが出てきて、これだけでは役に立たんことになってきたのぞ。岩戸開《びら》きの鍵であったが、今度の岩戸開《びら》きには役に立たんようになったのであるぞ。初めに⊙《まるてん》がなくてはならん。⊙は神ぞ。

第五帖　（九三七）

人民の肉体も心も天地も、皆同じものから同じ想念によって生まれたのであるぞ。ゆえに同じ型、同じ性を持っているぞ。

その神の天津神《あまつかみ》は伊耶那岐《いざなき》、伊耶那美《いざなみ》の神と現れまし、成り成りの成りの果てに伊耶那岐《いざなき》、伊耶那美《いざなみ》の命《みこと》と成り給《たま》いて、まず国土を創り固めんとして、淤《お》能碁呂《のころ》の四音の島を均《なら》し、八尋殿《やひろどの》を見立てられたのであるぞ。これがこの世の元。人民の頭に、東西南北の四方があり、八方と広がるであろうが。八十と成り、八百、八千と次々に広がりて、八百万《やおよろず》と成り成るのであるぞ。

第六帖　（九三八）

四と八によってなされたのであるから、森羅万象の悉《ことごと》くがそのキを受けているのであるぞ。原子の世界でもそうであろうが。これが今のゆき詰まりの原因であるぞ。八では足らん。十でなくてはならん。〇でなくてはならんぞ。岩戸開《びら》きの原因は、これで分かったであろうがな。

第七帖　（九三九）

根本の元の元の元の神は、〇から一に、二に、三に、四に、五に弥栄《いやさか》したのであるぞ。別天津神《ことあまつかみ》五柱と申してあろうがな。五が天であるぞ。五は数であるぞ。これが転じて十と成るなれど、動き栄えるには、＋と－の神が現れねばならん。これが仲を取り持つ二柱の神ぞ。

第八帖　（九四〇）

那岐《なき》、那美《なみ》夫婦神は、八分《はちぶ》通り国土を生み育てられたが、火の神を生み給《たま》いて那美《なみ》の神は去りましたのであるぞ。物質偏重の世は、やがて去るべき宿命にあるぞ。心得なされよ。

那美《なみ》の神は、やがて九と十の世界に住みつかれたのであるぞ。妻神に去られた那岐《なき》の神は、一人でものを生むことの無理であることを知り給い、妻神を訪れ給い、相談されたのであるなれど、話が途中から拗《こじ》れて、遂に別々に住み給うこととなり、事戸《ことど》を見立てられて、千引の岩戸を閉め、両神の交流、歓喜、弥栄は中絶したのであるぞ。

第九帖　（九四一）

千引岩を閉ざすに際して、那美《なみ》の神は、夫神の治《し》らす国の人民を日に千人食い殺すと申され、那岐《なき》の神は、日に千五百の産屋を建てると申されたのであるぞ。これが日本の国の、また地上の別名であるぞ。数をよく極めてくだされば分かることとぞ。天は二一六、地は一四四と申してあろうが。

その後、那岐《なき》の神は、御《おん》一人で神々を始め、いろいろなものを生み給《たま》うたのであるぞ。マリヤ様が一人で産みなされたのと同じ道理。この道理をよくわきまえなされよ。ここに大きな神秘が隠されている。一神で生む限度は七乃至《ないし》八である。その上に生まれおかれる神々は、皆七乃至《ないし》八であるが、本来は十万十全まで広がるべきものである。ある時期までは、八方と九、十の二方に分れて、それぞれに成長し、弥栄しゆくのであるぞ。

第十帖　（九四二）

国常立神《くにとこたちのかみ》も素戔鳴尊《すさなるのみこと》も大国主命《おおくにぬしのみこと》も、すべて地に縁《ゆかり》のある神々は、皆九と十の世界におられて、時の来るのをお待ちになっていたのであるぞ。地は、地の神が治《し》らすのぞと知らしてあろが。

天運正《まさ》に巡りきて、千引の岩戸は開《ひら》かれて、これら地に縁《ゆかり》のある大神達が現れなされたのであるぞ。これが岩戸開《びら》きの真相であり、まことを知る鍵であるぞ。

第十一帖　（九四三）

いよいよ分からんことが、更に分からんことになるぞと申してあるが、那岐《なき》の命《みこと》の治《し》らす国も、那美《なみ》の命の治《し》らす国も、双方からお互いに逆の力が押し寄せて交りに交るから、いよいよ分からんことになるのであるぞ。

第十二帖　（九四四）

分からんと申すのは、一面しか見えぬことであるぞ。双方を見る目に、早う改心いたしてくれよ。この白黒斑《まだら》な時は長く続かん。最も苦しいのは、一年と半年、半年と一年であるぞ。

死んでからまた甦られるように死んでくだされよ。まことを心に刻みつけておりてくだされよ。

第十三帖（九四五）

死ぬか生きるかは、人民ばかりでないぞ。神々様も、森羅万象のことごとくが同様であるぞ。しばらくの生みの苦しみ。八の世界から十の世界に成るのであるから、今までの八方的な考え方、八方的な想念や肉体では生きてはゆかれんのであるぞ。十方的想念と肉体でなくてはならんぞ。

第十四帖（九四六）

八方的地上から十方的地上と成るのであるから、すべての位置が転ずるのであるから、物質も念もすべてが変わるのであるぞ。これが、元の元の元の大神の御神策《ごしんさく》ぞ。今までは時が来なかったから知らすことができんことでありたなれど、いよいよが来たので皆に知らすのであるぞ。

百年も前からそら洗濯ぢゃ、掃除ぢゃと申してありたが、今日のためであるぞ。岩戸開《びら》きのためであるぞ。今までの岩戸開《びら》きと同様でない、末代に一度の大岩戸開《びら》きぢゃ。

第十五帖　（九四七）

神の申すことは、一《いち》分《ぶ》一厘《いちりん》違わんのであるぞ。今度言うことを聞かねば、大変な気の毒となるぞ。地の下になってしまうのであるぞ。

一二三四五六七八の世界が一二三四五六七八九十の世と成りて、〇一二三四五六七八九十の世と成るのぢゃ。〇一二三四五六七八九十がまこと（〇九十《まこと》）と申してあろがな。裏表で二十二ぢゃ。二二の五ぢゃ。富士（二二《ふじ》）は晴れたり日本晴れぞ。分かりたか。

第十六帖（九四八）

太陽は十の星を従えるぞ。原子も同様であるぞ。物質が変わるのであるぞ。人民の学問や知では分からんことであるから、早う改心第一ぞ。

二二と申すのは、天照大神《あまてらすおおかみ》殿の十種《とくさ》の神宝《かんだから》に・を入れることであるぞ。これが一厘の仕組。二二となるであろ。これが富士の仕組。七から八から成り成りて十と成る仕組。成り成りあまる鳴門の仕組。富士と鳴門の仕組、いよいよぞ。これが分かりたならば、どんな人民も腰を抜かすぞ。

一方的に一神でものを生むことできるのであるが、それでは終わりは全うできん。九分九厘《くぶくりん》で厘止《りんど》まりぞ。神道も仏教もキリスト教もそうであろがな。仏《ぶっ》もキリストもすっかり助けると申してあろがな。助かるには助かるだけの用意が必要ぞ。用意はよいか。このこと、大切ごと。気つけおくぞ。

成り成り成りて十と開《ひら》き、二十二となるぞ。富士（二二《ふじ》）晴れるぞ。大真理、世に出るぞ。新しき太陽が生まれるのであるぞ。

五十黙示録

第七巻　五葉《ごよう》の巻　全十六帖

昭和三十六年九月一日

第一帖　（九四九）

あの子を生んで、この子を生んで去ったのであるぞ。その中に一人だけ良くない子ができた。その子には海の藻草や山の菜、野菜を食べさせてくれよ。段々、良《よ》い子になるぞ。

第二帖　（九五〇）

霊界に方位はない。人民は東西南北と申しているなれど、今に東の東が現れてくるぞ。霊界では光の射す方が北ぢゃ。そのほかの東西南北は皆南ぢゃ。北が元ぢゃ。北良くなるぞと申してあろがな。

鳴門の渦巻を渡る時は、舵《かじ》を放して、手放しで流れに任せると渡れるのであるぞ。舵をとると同じ所をグルグルぢゃ。舵を放せる人民、少ないのう。何でもかんでも舵をとって、自分の思うとおりに舟を進めようとするから、大変が起こるのぢゃ。渦に任せる時は任さなければならんぞ。鳴門の仕組の一面であるぞ。大切ごとぞ。

第三帖　（九五一）

友作れと申してあろが。友と申しても、人間ばかりでないぞ。山も友ぞ。川も友ぞ。動植物も友ぞ。一人の友を得たら、一つの世界を得たことぞ。何もかも皆友ぢゃ。友は己ぢゃ。皆己となれば、己なくなるぞ。己なくなれば、永遠に生きられる、無限の己となるぞ。

御《ご》神前で拝むもよいなれど、空を拝めよ。山も川も拝めよ。野菜拝めば野菜が、魚を拝めば魚が神となり、また己となるのぢゃ。足らぬことない、細矛千《くわしほこち》足《たる》の浦安《うらやす》の自分となるのであるぞ。

第四帖　（九五二）

お尻を出したら、お尻を綺麗《きれい》に拭いてやれよ。怒ってはならん。お尻を出されるには、出されるだけの何かの原因が、己れの中にあるのであるぞ。利子は後からでよいと申すが、先に払うこともあるぞ。先にお尻を拭いてやらねばならんこともあるぞ。世が迫って岩戸が開《あ》いたのであるから、先にお尻を拭くことも出てくるぞ。思わぬお尻持ち込まれることもあるなれど、怒ってはならん。気持良く拭いてやれよ。やがては、神がそなたのお尻を拭いてくださるぞよ。

第五帖　（九五三）

物与えることなかなかぢゃ。心して良きに与えねばならんぞ。与えることはいただくことと知らしてあろが。与えさせていただく感謝の心がなくてはならん。強く押すと強く、弱く押すと弱く跳ね返ってくるぞ。

自分のものというもの、何一つもないぞ。このこと分かれば、新しき一つの道が分かるぞ。

第六帖　（九五四）

仕事はいくらでもあるではないか。七つの仕事があるぞ。七人の替え身魂《みたま》あると知らせてあろがな。

高く昇らねば遠くは見えん。目の先ばかり見ているから、ゆき詰まるのぢゃ。道には落とし穴もあるぞ。心得て仕事に仕え奉《まつ》れよ。

岩戸は開《ひら》かれているのに、何しているのぞ。光が射しているのに、なぜ背を向けているのぞ。

十の仕事して、八しか報酬ないことあるぞ。この場合、二は神に預けてあると思えよ。神の帳面、誤りなし。利子がついて返ってくるぞ。まことのお蔭《かげ》は遅いと申してあろがな。

第七帖　（九五五）

昨日《きのう》は昨日、今日は今日の風。昨日に囚われるなよ。人民の道は定まっているなれど、目の前だけしか見えんから踏み迷うのであるぞ。薬飲んで毒死せんようにいたしくれよ。薬は毒、毒は薬ぢゃ。大峠にも、上《のぼ》りと下《くだ》りとあるぞ。馬鹿正直ならん。頭の体操、臍《へそ》の体操、大切ぞ。

第八帖　（九五六）

出し切ってしまうと味がなくなるぞ。自分の力が隠せぬようでは、大仕事はできんぞ。

取り越し苦労、過ぎ越し苦労はやめてくだされ。地球という大船に乗って、一蓮托生《いちれんたくしょう》ぢゃ。

現在の仕事が御神業《ごしんぎょう》と心得よ。不満を持ってはならん。そなたが招いた仕事でないか。この道理分からねば、迷信の迷路に入るぞ。

第九帖（九五七）

平等とか公平とか申すのは、悪魔の罠《わな》であるぞ。天地をよく見よ。人民の申す如き平等も公平もないであろうがな。一寸伸びる草もあれば、一尺伸びる草もあるぞ。一寸の草は一寸が、一尺の草は一尺が頂点であるぞ。これが公平であり、平等と申すもの。

人民は選挙と申す麻薬に酔っているぞ。選挙すればするほど、本質から遠ざかるぞ。ほかに方法がないと定めて掛かるから、悪魔に魅入《みい》られているから、分からんことになるぞ。世は立体であるのに、平面選挙していては相《あい》ならんぞ。平面の数で定めてはならん。立体の数に入れよ。

第十帖　（九五八）

悪自由、悪平等の神が最後の追い込みに掛かっているなれど、もう悪の世は済んで岩戸が開《ひら》けているのざから、何とやらのように前から外れてアフンぢゃ。七重の花が八重に、八重が九重、十重に開《ひら》くのであるぞ。七重はキリストぢゃ。八重は仏教ぢゃ、今の神道ぢゃ。今までの教えは潰《つぶ》れると申してあろがな。

兎《と》や角《かく》申さず、摑めるところから神を摑んでついてござれよ。水は流れる所へ流れているであろがな。あの姿。

第十一帖　（九五九）

善では立ちてゆかん。悪でもゆかん。善悪でもゆかん。悪善でもゆかん。岩戸と申しても、天の岩戸もあるぞ。今までは平面の土俵の上での出来事であったが、今度は立体土俵の上ぢゃ。心をさっぱり洗濯して、改心いたせと申してあろ。悪い人のみ改心するのでない。善い人も改心せねば、立体には入れん。この度の岩戸は、立体に入る門ぞ。

第十二帖（九六〇）

八のつく日に気つけてあろが。八とは開《ひら》くことぞ。今が八から九に入る時ぞ。天も地も大岩戸開《びら》き。人民の岩戸開《びら》きに最も都合のよい時ぞ。天地の波に乗ればよいのぢゃ。楽し楽しで大峠越せるぞ。神は無理申さん。やればやれる時ぞ。下手《へた》をすると世界は泥の海。神々様も人民様も心の目開《ひら》いてくだされよ。新しき太陽は昇っているでないか。

第十三帖　（九六一）

悪を食うて暮らさなならん時、近づいたぞ。悪に食われんように、悪を噛《か》んで、よく消化し、浄化してくだされよ。悪は、善の仮面を被っていること多いぞ。だが、悪も大神の中に生まれたものであることを知らねばならん。騙《だま》したい者には、一《ひと》まず騙されてやれよ。騙されまいとするから、騙されるのであるぞ。

命《いのち》の木の実は、美しく美味しいぞ。食べてはならんが、食べねばならんぞ。肉体欲が先に出るから、命《いのち》を失う。心で採りて、実を喜ばせて食べるとよいのであるぞ。食べないで食べる秘密。

第十四帖　（九六二）

一升枡《いっしょうます》には一升入ると思っているなれど、一升入れると、こぼれるのであるぞ。腹一杯食べてはならん。死にゆく道ぞ。二分《にぶ》をまず神に捧げよ。

流行病は邪霊集団の仕業。今に分からん病、世界中の病、激しくなるぞ。

第十五帖　（九六三）

今に大き息もできんことになると知らせてあろが。その時来たぞ。岩戸が開《ひら》けるということは、半分のところは天界となることぢゃ。天界の半分は地となることぢゃ。

今の肉体、今の想念、今の宗教、今の科学のままでは、岩戸は開《ひら》けんぞ。今の肉体のままでは、人民生きてはゆけんぞ。一度は仮死の状態にして、魂も肉体も、半分のところは入れ換えて、弥勒《みろく》の世の人民として甦《よみがえ》らす仕組、心得なされよ。神様でさえ、このこと分からん御方《おんかた》あるぞ。大地も転位、天も転位するぞ。

第十六帖　（九六四）

　まことでもって洗濯すれば霊化される。半霊半物質の世界に移行するのであるから、半霊半物の肉体とならねばならん。今のやり方では、どうにもならなくなるぞ。今の世は灰にするよりほかに方法のないところが、たくさんあるぞ。灰になる肉体であってはならん。原爆も水爆もビクともしない肉体となれるのであるぞ。今の物質で作った何物にも影響されない、新しき命《いのち》が生まれつつあるのぞ。岩戸開《びら》きとはこのことであるぞ。少しくらいは人民辛いであろうなれど、勇んでやりてくだされよ。大弥栄《おおいやさか》の仕組。

五十黙示録

補巻　紫金《しきん》の巻　全十四帖

昭和三十六年

第一帖　（九六五）

高天原《たかあまはら》　淤能碁呂《おのころ》に神留《つま》ります　皇親神漏岐《すめむつかむろき》　神漏美《かむろみ》の命《みこと》もちて　千万《ちよろず》の神達を神集えに集え給《たま》い　神議《はか》りに議り給いて　下津岩根《したついわね》に宮柱《みやはしら》太敷《ふとしき》立て　高天原《たかあまはら》に千木《ちぎ》高《たか》知りて　伊都《いず》の御宝《みたから》の大御心《おおみこころ》の随《まにま》に千座《ちくら》の置座《おきくら》に置き足らわして天地祝詞《あめつちのりと》の太祝詞言《ふとのりとごと》を宣《の》れ

かく宣らば　神は各《おの》も各もの岩戸を押し開《ひら》きて　伊頭《いづ》の千別《ちわ》きに千別き給いて聞こし召さむ　かく聞こし召してば　天《あめ》の国　現《うつ》し国共に罪という罪はあらじと科戸《しなど》の風の吹き放つことの如く　朝風夕風の吹き払う如く　大つ辺《べ》におる大船を舳《へ》解き放ち艫《とも》解き放ちて大海原に押し放つことの如く　残る罪も穢《けが》れもあらじと祓《はら》え給え清め給うことを　よし祓《はら》え　あし祓《はら》え給いて弥栄《いやさか》の御《み》世とこそ幸《さきわ》え給え幸《さきわ》え給え

○一二三四五六七八九十百千万歳万歳

第二帖　（九六六）

大君《おおきみ》のみことに禊《みそぎ》し今朝《けさ》の陽《ひ》を吸う

日々の人民の御用が、神の御用と一致するように努力せねばならん。一致すれば、嬉し嬉しで、暮らし向きも何一つ足らぬものなくなってくるぞ。食べ物が喜んで飛び込んでくるぞ。着る物が着てくれと飛び込んでくるぞ。住居もできてくるぞ。心のそれぞれも同様ぞ。

第三帖　（九六七）

伊豆幣帛《いずぬさ》を都幣帛《とぬさ》に結び岩戸開《ひら》きてし

ウヨウヨしている霊懸《れいがか》りに、まだ騙されてござる人民多いのう。何と申したら分かるのであるか。奇跡を求めたり、我《われ》よしのお蔭《かげ》を求めたり、下級な動物の入れものとなっているから、囚われているから、騙されるのぢゃ。霊媒の行いをよく見れば、すぐ分かるでないか。早う目覚めよ。因縁とは申しながら、かあいそうなからくどう申して聞かせているのであるぞ。

　まことの道に返れよ。まこと（〇九十《まこと》）とは〇一二三四五六七八九十と申してあろ。その裏は十九八七六五四三二一〇で、合わせて二十二であるぞ。二二が真理と知らしてあろ。二二が富士（二二《ふじ》）と申してあろが。まだ分からんか。

第四帖　（九六八）

豊栄に栄り出《い》でます地《くに》の大神

大掃除《おおそうじ》激しくなると、世界の人民、皆仮死の状態となるのぢゃ。掃除終わってから、因縁の身魂《みたま》のみを神が摘《つま》み上げて息吹《いきふ》き返して、弥勒《みろく》の世の人民といたすのぢゃ。因縁の身魂には⦿《かみ》の印がつけてあるぞ。

仏教による者のみ救われると思ってはならんぞ。キリストによる者のみ救われると思ってはならん。神道による者のみ救われると思ってはならん。アラーの神による者のみ救われるのでないぞ。その他諸々の神、それぞれの神による者のみ救われるのではないぞ。何もかも皆救われるのぢゃ。生かすことが救うこととなる場合と、殺すことが救うことになる場合はあるなれど。

第五帖（九六九）

岩戸開《ひら》き美保貴《みほぎ》の宝奉《たてまつ》らまし

月は赤くなるぞ。日は黒くなるぞ。空は血の色となるぞ。流れも血ぢゃ。人民、四つん這《ば》いやら、逆立ちやら、のたうちに一時はなるのであるぞ。大地震、火の雨降《ふ》らしての大洗濯《おおせんたく》であるから、一人逃《のが》れようとて、神でも逃《のが》れることはできんぞ。天地交ぜ交ぜとなるのぞ。引っ繰り返るのぞ。

第六帖　（九七〇）

白玉や赤玉青玉捧《ささ》げ奉《まつ》りし

　今までは白馬と赤馬と黒馬とであったなれど、岩戸が開《ひら》けたら、岩戸の中から黄の馬が飛び出してくるぞ。キが元ぞと申してあろが。止《とど》めの馬であるぞ。黄金の馬であるぞ。救いの馬であるぞ。このこと、神界の秘密でありたなれど、時来たりて人民に伝えるのであるぞ。今までは白馬に跨《また》がって救世主が現れたのであるが、いよいよの救世主は、黄金の馬、黄《キ》の馬に乗って現れますのであるぞ。

第七帖　（九七一）

太祝詞《ふとのりとの》宣り宣り祈らば岩戸開《ひら》けん

神は一時は仏とも現れたと申してありたが、仏ではもう治まらん。岩戸が開《あ》けたのであるから、蓮華《れんげ》ではならん。人民も改心しなければ、地の下に沈むことになるぞ。神が沈めるのではない、人民が自分で沈むのであるぞ。人民の心によって、明るい天国への道が暗く見え、暗い地の中への道が明るく見えるのであるぞ。

珍しきこと珍しき人が現れてくるぞ。びっくり、引っ繰り返らんように気つけてくれよ。目の玉飛び出すぞ。たとえでないぞ。

第八帖　（九七二）

千引岩《ちびきいわ》今ぞ開《あ》けたり清《すが》し富士はも

神は宇宙を創り給《たま》わずと申して聞かせてあろが。このこと、よく考えて、よく理解してくだされよ。大切な分かれ道でござるぞ。

福祓《はら》いも併せて行わねばならん道理。

光は中からぢゃ。岩戸は中から開《ひら》かれるのぢゃ。艮《うしとら》が開《ひら》かれて、艮金神《うしとらこんじん》がお出ましぞ。もう、邪《よこしま》の者の住む一寸の土地もなくなったのぞ。

第九帖　（九七三）

新しき御《み》世の始めの辰《たつ》の年あれ出《い》でましぬ隠《かく》れいし神

隠世《かくりよ》も現《うつ》し御《み》国の一筋の光の国と咲き初《そ》めにけり

第十帖　（九七四）

この巻、五葉《ごよう》の巻と申せよ。

四つの花が五つに咲くのであるぞ。女松の五葉、男松の五葉、合わせて十葉と成り成り成りて、笑み栄ゆる仕組。十（＋）と一（一）の実り、富士（二二《ふじ》）と輝くぞ。日本晴れ近づいたぞ。あな清々《すがすが》し、岩戸開《あ》けたり。

国土を創り固めるために、根本大神がなぜに沼矛《ぬほこ》のみを与え給《たま》いしかを知らねば、岩戸開《びら》きの秘密は解けんぞ。千引岩戸を開《ひら》くことについて、神は今まで何も申さないでいたのであるなれど、時巡りきて、その一端をこの筆で知らすのであるぞ。

素戔鳴尊《すさなるのみこと》のまことの御《み》姿が分からねば、次の世のことは分からんぞ。筆をいくら読んでも、肝心要《かんじんかなめ》のことが分からねば、何にもならんぞ。

第十一帖　（九七五）

何もかも前つ前つに知らしてあるのに、人民は先が見えんから、言葉の含みが分からんから、取り違いばかり。

国土《くにつち》の上は、国土の神が治《し》らすのぢゃ。世界の山も川も海も草木も動物虫けらも、皆この方《ほう》が道具に、数で創ったのぢゃ。

いよいよが来たぞ。いよいよとは、一《い》四《よ》一《い》四《よ》ぞ。五と五ぞ。十であるぞ。十一であるぞ。

国常立《くにとこたち》が国尋立《くにひろたち》となるぞ。国は黄であるぞ。真中であるぞ。天は青であるぞ。黄と青と和合して碧《みどり》、（黄と）赤と和して橙《だいだい》と成り、青と赤と和して紫と成る。天上天下地下と成り、六色と成り六変と成り六合《くに》と成るのぢゃ。さらに、七と成り八と成り白黒を加えて十と成る仕組。色霊《いろたま》、結構いたしくれよ。

第十二帖　（九七六）

横の十の動きが久羅下那州多陀用弊流《くらげなすただよへる》であり、縦の十の動きが宇摩志阿斯訶備比古遅《うましあしかびひこじ》であるぞ。十と十と交わり和して百と成り、九十九と動くのぞ。過去も未来も霊界にはない。今があるのみ。これを中今《なかいま》と申すぞよ。龍宮の乙姫殿、日の出の神殿、岩の神殿、荒れの神殿、風の神殿、雨の神殿、暗剣殿《あんけんでん》、地震の神殿、金神殿《こんじんでん》の九柱なり。総大将は国常立大神《くにとこたちのおおかみ》なり。このこと分かりてくだされよ。教えはなくなるぞ。元の道が光り輝くぞ。これを惟神《かんながら》の道と申すぞ。

第十三帖　（九七七）

少しでも混じり気《け》があったら、先になって取り返しがつかんことになるぞ。今度は一厘《いちりん》の狂いがあってもならんぞ。柱になる人民もあれば、屋根になる人民もあるぞ。

天の王と地の王とをごっちゃにしているから、分からんことになるのぢゃ。その上にまた大王があるなれど、大王は人民には見当取れん、なきが如き存在であるぞ。人民は具体的にと申すなれど、人民の申す具体的とは、凝り固まった一方的なもの、一時的なその時の現れであるぞ。人民の申す絶対無、絶対空《くう》はム（無《む》）の初めであり、空《くう》の入口であるぞ。そこからムに入れよ。空《くう》に生きよ。いよいよの世となるぞ。

第十四帖（九七八）

現実のことのみで処してはならん。常《つね》に永遠の立場に立って処理せよと申してあろがな。生きることは、死に向かって進むこと。まことに生きる大道に目覚めてくれよ。筆を初めから読めば、何事もありやかぞ。

奥山はあってはならん、なくてはならん存在であるぞ。善人の住む所、悪人の休む所と申してあろ。奥山は神、幽、現の三界と通ずる所。八尋殿《やひろどの》の左と右に宮が建つ。奥にも一つ。

訳者から

この黙示は七巻で終わりますが、発表できない帖が、かなり多くあります。

この黙示七巻と、従来発表されている三十巻を合わせて、三十七巻となりますが、実は発表を禁じられている巻が十三巻もあり、合わせて五十巻となるわけであります（発表されているが、書記されていません）。

これら未発表のものは、ある時期が来れば発表を許されるものか、許されないのか、現在のところでは不明であります。

なお、この黙示が二十四巻から三十巻に至る根幹であり、先に発表した七巻（黄金の巻以下のもの）は、二十三巻のところから出た枝のようなものであります。

また、第三巻の第二十四帖は未発表のため、欠帖となっております。

昭和三十六年

於北伊勢
岡本天明《てんめい》

底本

岡本天明『一二三』至恩郷

主な参考文献

岡本天明『原典　日月神示』新日本研究所
岡本天明（書）、中矢伸一（校訂）『完訳　日月神示』ヒカルランド
岡本天明『新版　ひふみ神示』コスモビジョン

付録（一）

祝詞《のりと》・礼拝部分抜粋

第二巻　下《しも》つ巻　第七帖　（四九）

一二三祝詞《ひふみのりと》するときは、神の息に合わして宣《の》れよ。神の息に合わすのは、三五七、三五七に切って宣れよ。終《しま》いだけ節《ふし》長く読めよ。それを三度《みたび》読みて宣り上げよ。天津祝詞《あまつのりと》の神とも、この方《ほう》申すぞ。

第二巻　下《しも》つ巻　第二十六帖　（六八）

神の国を真中《まなか》にして世界分けると申してあるが、神祭るのと同じやり方ぞ。天之日津久《あめのひつく》の家《いえ》とは、天之日津久《あめのひつく》の臣民の家《いえ》ぞ。天之日津久《あめのひつく》と申すのは天《あめ》の益人《ますひと》のことぞ。江戸の富士と申すのは、日津久の家《いえ》の中に富士の形作りて、その上《うえ》に宮造りてもよいのぞ。仮でよいのぞ。

第二巻　下《しも》つ巻　第二十七帖　（六九）

この方は祓戸《はらえど》の神とも現れるぞ。

この方《ほう》祭るのは、富士に三《み》と所、渦海《うずうみ》に三《み》と所、江戸にも三《み》と所ぞ。奥山《おくやま》、中山《なかやま》、一《いち》の宮ぞ。

富士は、榛名《はるな》に祭りてくれて御《ご》苦労でありたが、これは中山ぞ。一《いち》の宮と奥の山にまだ祭らねばならんぞ。

渦海の仕組も急ぐなれど、甲斐《かい》の仕組早うさせるぞ。

江戸にも三《み》と所。天明《てんめい》の住んでいる所、奥山ぞ。天之日津久《あめのひつく》の家《いえ》、中山ぞ。ここが一《いち》の宮ざから、気つけておくぞ。

この方《ほう》祭るのは、真中に神の石鎮め、そのあとに神籬《ひもろぎ》、前の右左《みぎひだり》に神籬《ひもろぎ》、それがアとヤとワぞ。そのあとに三つ、七五三と神籬《ひもろぎ》立てさすぞ。少し離れて四隅にイ、ウ、エ、オの言霊石《ことだまいし》、置いてくれよ。鳥居も注連《しめ》も要らぬと申してあろがな。このことぞ。

この方《ほう》祭るのも、役員の仕事も、この世の組立も、皆七ヽヽヽと申して聞かしてあるのには、気がまだつかんのか。

臣民の家《いえ》に祭るのは、神の石だけでよいぞ。天之日津久《あめのひつく》の家《いえ》には、どこでも前に言うたようにして祭りてくれよ。

江戸の奥山には八日《ようか》、秋立つ日に祭りてくれよ。中山九日《くにち》、一の宮には十日《とおか》に祭りてくれよ。

第五巻　地《くに》つ巻　第八帖　（一四五）

神主、お祓《はら》いの祝詞《のりと》あげても何にもならんぞ。お祓《はら》い祝詞《のりと》は宣《の》るのぞ。今の神主、宣ってないぞ。口先ばかりぞ。祝詞《のりと》も抜けているぞ。畔放《あなはち》、頻播《しきまき》や、国津《くにつ》罪《つみ》、皆抜けて読んでいるではないか。臣民の心には汚く映るであろうが。それは心の鏡曇っているからぞ。悪や学に騙されて、肝心の祝詞《のりと》まで骨抜きにしているでないか。これでは世界は清まらんぞ。祝詞《のりと》は読むものではないぞ。神前で読めばそれでよいと思うているが、それだけでは何にもならんぞ。宣るのざぞ。祈るのざぞ。なりきるのざぞ。溶けきるのざぞ。神主ばかりでないぞ。皆心得ておけよ。神のことは神主に、仏《ほとけ》は坊主にと申していること、根本の大間違いぞ。

第七巻　日の出の巻　第十五帖　（二二八）

十柱《とはしら》の神々様、奥山に祭りてくれよ。九柱でよいぞ。いずれの神々様も、世の元からの肉体持たれた生き通しの神々様であるぞ。この方《ほう》合わして十柱《とはしら》となるのざぞ。御《ご》神体の石集めさしてあろがな。篤《あつ》く祭りて、辛酉《かのととり》の日にお祭りしてくれよ。

病あるかないか、災難来るか来ないかは、手届くか届かないかで分かると申してあろがな。届くとは注ぐことぞ。手首の息と腹の息と首の息とホの息と頭の息と足の息と胸の息と臍《へそ》の息と背首《せくび》の息と手の息と、八所《はちところ》、十所《とところ》の息合っていれば病ないのざぞ。災難見ないのざから、毎朝神拝《おろが》みてからよく合わしてみよ。

合っていたらその日には災難ないのざぞ。殊に臍の息、一番大切ざぞ。もしも息合っていない時には一二三《ひふみ》唱えよ。唱え唱えて息合うまで祈れよ。どんな難儀も災難もなくしてやるぞ。この方《ほう》、意富加牟豆美神《おおかむづみのかみ》であるぞ。神の息と合わされると災難、病なくなるのざぞ。大難小難にしてやるぞ。命《いのち》助けてやるぞ。

このことは、この方《ほう》信ずる人でないと誤るから、知らすではないぞ。手二本足二本入れて十柱《とはしら》ぞ。手足一本として八柱《はちはしら》ぞ。このこと早う皆に知らして、ドシドシと安心して働くようにしてやれよ。飛行機の災難も、地震、罪穢《けが》れの災《わざわ》いも、大きい災難ある時には息乱れるのざぞ。一二三祝詞《ひふみのりと》と祓祝詞《はらえのりと》と神の息吹《いぶき》と息と一つになりておれば、災難逃《のが》れるのぞ。信ずる者ばかりに知らしてやりてくれよ。

第七巻　日の出の巻　第十八帖　（二三一）

富士の御用は、奥山に祭りくれよ。甲斐《かい》の御用も続けくれよ。江戸、一の宮造りてくれよ。道場も同じぞ。

渦海《うずうみ》の御用とは、渦海の鳴門《なると》と、渦海の諏訪《すわ》と、渦海のマアカタ（麻賀多《まかた》）と三所《みところ》へ祭りてくれよ。祭りの仕方、天明《てんめい》に知らしておくぞ。その前の御用、言葉で知らしたこと済みたぞ。渦海、マアカタ（麻賀多《まかた》）とは印旛《いんば》ぞ。

十柱《とはしら》とは火の神、木《き》の神、金《かね》の神、日の出の神、龍宮の乙姫、雨の神、風の神、地震の神、荒れの神、岩の神であるぞ。辛酉《かのととり》の日に祭りてくれよ。

第七巻　日の出の巻　第十九帖　（二三二）

海には神の石鎮め祭りくれよ。山には神の石立てて木植えてくれよ。石は神の印つけて祭る所に置いてあるぞ。祭り結構ぞ。富士、奥山には十柱《とはしら》の石あるぞ。十柱《とはしら》祭りてくれよ。祭る所にゆけば分かるようにしてあるぞ。

第九巻　キの巻　第一帖　（二五八）

節分からは、手打ちながら一二三《ひふみ》祝詞《のりと》、宣《の》りてくれよ。拍手《かしわで》は、元の大神様の全き御《おん》働きぞ。高御産巣日《たかみむすび》と神産巣日《かみむすび》の御《おん》働きぞ。御《おん》音ぞ。和ぞ。大和《だいわ》の言《こと》ぞ。言霊《ことだま》ぞ。喜びぞ。喜びの御《おん》音ぞ。悪祓《はら》う御《おん》音ぞ。

節分境に何もかも変わりてくるのざぞ。何事も掃除一番ぞ。

第九巻　キの巻　第十一帖　（二六八）

一二三《ひふみ》とは、限りなき神の弥栄《いやさか》であるぞ。一《ひ》は、始めなき始めであるぞ。けは、終わりなき終わりであるぞ。神の働きが一二三であるぞ。始めなく終わりなく、弥栄《いやさか》の中今《なかいま》ぞ。一二三は神の息吹《いぶき》であるぞ。一二三唱えよ。神人《かみひと》ともに一二三唱えて岩戸開《ひら》けるのざぞ。一二三に溶けよ。一二三と息せよ。一二三着よ。一二三食《お》せよ。始め一二三あり。一二三は神ぞ。一二三は道ぞ。一二三は祓《はら》い清めぞ。祓《はら》い清めとは、弥栄《いやさか》ぞ。神の息ぞ。天子様の息ぞ。臣民の息ぞ。獣《けもの》、草木の息ぞ。一《ひ》であるぞ。二《ふ》であるぞ。三《み》であるぞ。けであるぞ。れであるぞ。ほであるぞ。◎であるぞ。◉であるぞ。皆の者に一二三唱えさせよ。五柱《ごはしら》、御《おん》働きぞ。八柱《はちはしら》、十柱《とはしら》、御《おん》働きぞ。五十連《いつら》ぞ。いろはぞ。分かりたか。

第九巻　キの巻　第十二帖　（二六九）

鎮魂《みたましずめ》には、筆読みて聞かせよ。三回、五回、七回、三十回、五十回、七十回で初めはよいぞ。それで分からぬようなれば、お出直しでござる。

第十巻　水の巻　第二帖　（二七六）

ひふみ　よいむなや　こともちろらね
しきる　ゆゐつわぬ　そをたはくめか

うおえ　にさりへて　のますあせゑほれけ

一二三《ひふみ》祝詞《のりと》であるぞ。

高天原《たかあまはら》に神留《つま》ります　神漏岐《かむろき》　神漏美《かむろみ》の命《みこと》もちて　皇親神《すめみおやかむ》伊耶那岐命《いざなきのみこと》　竺紫《つくし》の
日向《ひむか》の橘《たちばな》の小門《おど》の阿波岐原《あわぎはら》に　禊祓《みそぎはら》い給《たま》う時に成りませる祓戸《はらえど》の大神達　諸々
の禍事《まがこと》罪穢《けが》れを　祓《はら》え給え清め給えと白《もう》すことの由《よし》を　天津神《あまつかみ》　国津神《くにつかみ》　八百《やお》
万《よろず》の神達ともに　天《あめ》の斑駒《ふちこま》の耳振り立てて聞こし食《め》せと　恐《かしこ》み恐《かしこ》みも白《もう》す
天之日津久神《あめのひつくのかみ》　守り給え幸《さちわ》え給え
天之日津久神《あめのひつくのかみ》　弥栄《やさか》ましませ弥栄《いやさか》ましませ
一二三四五六七八九十《ひとふたみよいつむゆななやここのたり》

第十巻　水の巻　第三帖　（二七七）

祓《はらえ》祝詞《のりと》、書き知らすぞ。

掛けまくも畏《かしこ》き伊耶那岐大神《いざなきのおおかみ》　筑紫《つくし》の日向《ひむか》の橘《たちばな》の小門《おど》の阿波岐原《あわぎはら》に　禊祓《みそぎはら》え給《たま》う時に成りませる衝立船戸神《つきたつふなとのかみ》　道之長乳歯神《みちのながちはのかみ》　時量師神《ときおかしのかみ》　和豆良比能宇斯能神《わつらひのうしのかみ》　道俣神《ちまたのかみ》　飽咋之宇斯能神《あきくひのうしのかみ》　奥疎神《おきさかるのかみ》　奥津那芸佐毘古神《おきつなぎさびこのかみ》　奥津甲斐弁羅神《おきつかひへらのかみ》　辺疎神《へさかるのかみ》　辺津那芸佐毘古神《へつなぎさひこのかみ》　辺津甲斐弁羅神《へつかひへらのかみ》　八十禍津日神《やそまがつひのかみ》　大禍津日神《おおまがつひのかみ》　神直毘神《かむなおひのかみ》　大直毘神《おほなおひのかみ》　伊豆能売神《いづのめのかみ》　底津綿津見神《そこつわたつみのかみ》　底箇之男神《そこつつのをのかみ》　中津綿津見神《なかつわたつみのかみ》　中箇之男命《なかつつのおのみこと》　上津綿津見神《うわつわたつみのかみ》　上箇之男命《うわつつのおのみこと》　祓戸四柱《はらえどよはしら》の神達共に　諸々の禍事《まがこと》罪穢《けが》れを　祓《はら》え給え清め給えと白《もう》すことを聞こし食《め》せと　恐《かしこ》み恐《かしこ》みも白《もう》す

次に誓《うけ》いの言葉知らすぞ。

御《ご》三体の大神様　御《ご》三体の大神様　日《ひ》津《つ》久大神《きのおおかみ》様　国常立大神《くにとこたちのおおかみ》様　豊雲野大《とよくもぬのおお》神《かみ》様　月の大神様　素《す》戔《さ》鳴大神《なるのおおかみ》様　雨の神様　風の神様　岩の神様　荒れの神様　地震の神様　木《き》の神様　金《かね》の神様　日の神様　日の出の神様　龍宮の乙姫様　八《や》百《お》万《よろず》の生き神様　ことに五《い》十《す》鈴《ず》にます天照皇大神宮《てんしょうこうたいじんぐう》様　豊受大神《とようけのおおかみ》様をはじめ奉《たてまつ》り　世の中の生き神様　産土《うぶすな》の大神様の御前《おんまえ》に　広き篤《あつ》き御《ご》守護のほど　ありがたく尊く御《おん》礼申し上げます　この度の岩戸開《びら》きには　千《ち》万《よろず》弥栄《いやさか》のお働き願い上げます　天地《あめつち》のむた　弥栄《いやさか》に栄えまさしめ給い　世界のありとある臣民　一日《ひとひ》も早く改心いたしまして　大神様の御《み》旨に添い奉《まつ》り　大神様の御《み》心の随《まにま》に　神国成就《かみぐにじょうじゅ》のため働きますよう　お守りくださいませ　そのためこの魂《たま》この身は　何とぞ　いかようにでもお使いくださいませ　御《み》旨の随《まにま》にまことの神国《かみぐに》の御《み》民としての務めを務めさしていただくよう　鞭《むち》打ち御《ご》守護くださいませ

惟神《かんながら》　霊幸倍《たまちはえ》ませ　弥栄《いやさか》ましませ

次に御先祖様の拝詞《はいし》知らすぞ。

これの御霊舎《みたまや》に神鎮《かみしず》まります　遠津御祖神《とおつみおやのかみ》　代々《よよ》の祖神達《おやがみ》の御前《みまえ》　また親族《うから》家族《やから》の御霊《みたま》の御前《おんまえ》に　謹《つつし》み敬《うやま》いも白《もう》す　これの家《うち》には諸々の禍事罪穢《けが》れあらしめず　夜《よ》の守り日の守りに守り幸《さきわ》い給い　まこと神国《かみぐに》の御民《み》としての務めを全うせしめ給え　夜《よ》の守り日の守りに守り　捧ぐるものの絶え間なく　子孫《うみのこ》の弥《いや》栄継《さかつ》ぎに栄えしめ給えと　恐《かしこ》み恐《かしこ》みも白《もう》す
惟神《かんながら》　霊幸倍《たまちはえ》ませ　惟神《かんながら》　霊幸倍《たまちはえ》ませ

第十巻　水の巻　第九帖　（二八三）

富士は晴れたり、日本晴れ。
いよいよ岩戸開《ひら》けるぞ。お山開《びら》き、まこと結構。松の国、松の御世《み》となるぞ。旧九月八日から《か》大祓祝詞《おおはらいのりと》に天津祝詞《あまつのりと》の太祝詞《ふとのりと》、一二三祝詞《ひふみのりと》、九十《こと》入れて宣《の》れよ。忘れずに宣れよ。その日からいよいよ神は神、獣《けもの》は獣《けもの》となるぞ。

旧九月八日《か》、止《とど》めぞ。

第十一巻　松の巻　第十七帖　（三〇八）

釈迦《しゃか》祭れ。キリスト祭れ。マホメット祭れ。甲斐《かい》の奥山は五千の山に祭りくれよ。七月の十《じゅう》と二日《か》に天晴《あっぱ》れ祭りてくれよ。いよいよ富士晴れるぞ。二の山、三の山、四の山に祭りくれよ。まだまだ祭る神様あるぞ。

第十一巻　松の巻　第二十一帖　（三一二）

旧九月八日《か》からの祝詞《のりと》は、始めに一二三《ひとふたみ》唱え、終わりに百千卍《ももちよろずの》宣れよ。お山造る時は、どちらからでも拝《おが》めるようにしておけよ。一方から拝《おが》むだけの宮は我《われ》よしの宮ぞ。

第十二巻　夜明けの巻　第九帖　（三二九）

天子様祭れと申してあろが。天津日嗣皇命大神《あまつひつぎすめらみことおおかみ》様と祭り奉《たてまつ》れ。奥山には御《み》社《やしろ》造りて、斎《いつき》祭れ。皆の家《うち》にも祭れ。天津日嗣皇命《あまつひつぎすめらみこと》弥栄《やさか》ましませ、弥栄《いやさか》ましませと拝《おろが》めよ。拝《おろが》み奉《まつ》れ。

天照皇大神《あまてらすすめらおおかみ》様、天照大神《あまてらすおおかみ》様、月の大神様、素戔鳴大神《すさなるのおおかみ》様、大国主大神《おおくにぬしのおおかみ》様も篤《あつ》く祭り称えよ。奥山の前の富士に産土《うぶすな》の大神様祭れよ。

宮要るぞ。清めて祭れよ。霊《たま》の宮はその前横《まえよこ》に移せよ。奥の富士に国常立大《くにとこたちのおお》神《かみ》、豊雲野大神《とよくもぬのおおかみ》祭る日近うなりたぞ。宮の扉開《あ》けておけよ。臣民の住まいも同様ぞ。大難小難にまつり変えてくだされとお願いするのざぞ。取り違い、お詫び申せよ。楽にしてやるぞ。

天《てん》の異変、気つけよ。

第十二巻　夜明けの巻　第十帖　（三三〇）

元津《もとつ》大神《おおかみ》、心の中で唱え奉《まつ》り、皇命《すめらみこと》唱え、次に声高く天津《あまつ》日嗣《ひつぎ》皇命《すめらみこと》大神《おおかみ》唱え、天之日津久大神《あめのひつくのおおかみ》と唱え奉《まつ》れ。

霊《たま》の宮は、惟神祝詞《かんながらのりと》でよいぞ。一二三祝詞《ひふみのりと》もよいぞ。

注連《しめ》は当分作り巡らしてもよいぞ。今までの注連はこの方《ほう》ら閉めて、悪の自由にする逆さの注連ざから、注連張るなら元の注連、まことの注連張れよ。七五三は逆さぞ。三五七ざぞ。天地《てんち》の息吹《いぶき》ぞ。波の律ぞ。風の律ぞ。神々様の御《おん》息吹《いぶき》の波ざぞ。

第十二巻　夜明けの巻　第十三帖　（三三三）

ひふみ　よいむなや　こともちろらね
しきる　ゆゐつわぬ　そをたはくめか

うおえ　にさりへて　のますあせゑほれけ

第十二巻　夜明けの巻　第十四帖　（三三四）

いろは　にほへとち　りぬるをわかよ
たれそ　つねならむ　うゐのおくやま
けふこ　えてあさき　ゆめみしゑひもせすん

アオウエイ　カコクケキ　サソスセシ　タトツテチ　ナノヌネニ
ハホフヘヒ　マモムメミ　ヤヨユエイ　ラロルレリ　ワヲウヱヰ

一《ひ》二《ふ》三《み》四《よ》五《いつ》六《むゆ》七《なな》八《や》九《ここの》十《たり》百《もも》千《ち》　卍《よろず》

第十三巻　雨の巻　第十五帖　（三四九）

神前に向かって大きくキを吸い、腹に入れて下座《しもざ》に向かって吐き出せよ。八《や》度《たび》繰り返せよ。神のキいただくのざぞ。キとミとの合いの霊気、いただくのざぞ。

第十三巻　雨の巻　第十七帖　（三五一）

礼拝の仕方、書き知らすぞ。節分から始めてくだされよ。まずキ整えて、しばし目瞑《めつむ》り心開《ひら》きて、一拝《はい》二拝《はい》八拍手《はくしゅ》せよ。またキ整えて、一二三《ひふみ》、三回宣れよ。これはこれは喜びの舞《まい》、清めの舞、祓《はら》いの歌であるぞ。世界の臣民、皆宣れよ。身も魂《たま》も一つになって、宣り歌い舞えよ。身魂全体で拍手《かしわで》するのざぞ。終わりてまたキ整えて、一二三四五六七八九十《ひとふたみよいつむゆななやここのたり》、一二三四五六七八九十百《ひとふたみよいつむゆななやここのたりもも》千万《ちよろず》と言高く宣れよ。神気《しんき》整えて、天之日津久大神《あめのひつきのおおかみ》様、弥栄《やさか》ましませ、弥栄《いやさか》ましませと祈れよ。これは祈るのざぞ。国之日津久神《くにのひつくのかみ》様、弥栄《やさか》ましませ、弥栄《いやさか》ましませと祈れよ。終わりて八拍手《はくしゅ》せよ。

次に雨の神様、風の神様、岩の神様、荒れの神様、地震の神様、百々《もも》の神様、世の元からの生き神様、産土《うぶすな》の神様に御《おん》礼申せよ。

終わりてから、神々様のキいただけよ。キのいただき方、前に知らしてあろがな。何よりの臣民人民の生きの命《いのち》の糧《かて》であるぞ。病なくなる元の元のキであるぞ。八度《やたび》繰り返せと申してあろ。

しばらくこのように拝《おろが》めよ。神世になるまでには、まだ進むのざぞ。それまではそのようにせよ。この方《ほう》の申すようにすれば、そのとおりになるのざぞ。さまで苦しみなくて大峠越せるぞ。大峠とは、王統消すのざぞ。新しき元の命《いのち》となるのざぞ。

第十八巻　光の巻　第二帖　（三九八）

天之日津久大神《あめのひつくのおおかみ》様は別として、雨の神様、風の神様、岩の神様、荒れの神様、地震の神様、釈迦《しゃか》、キリスト、マホメットの神様、百々《もも》の神様、皆同じ所に御《ご》神体集めて、祭りてくだされよ。天《あめ》の奥山、地《くに》の奥山、皆同じぞ。お土、皆に分け取らせよ。

第十九巻　祭りの巻　第三帖　（四〇七）

旧九月八日《か》からの誓《ちか》いの言葉知らすぞ。

御《ご》三体の大神様　御《ご》三体の大神様　天之日津久大神《あめのひつくのおおかみ》様　雨の神様　風の神様　岩の神様　荒れの神様　地震の神様　国之《くにの》日津久大神様　世の元からの生き神様　百々《もも》の神様の大前《おおまえ》に　日々弥栄《にちにちやさか》の大息吹《おおいぶき》　御《ご》守護　弥栄《やさか》に御《おん》礼申し上げま

す　この度の三千世界の御神業《ごしんぎょう》　弥《いや》が上《うえ》にも千万弥栄《ちよろずいやさか》の御《おん》働き祈り上げます
三千世界の神々様　臣民人民　一時《ひととき》も早く改心いたし　大神様の御心《みこころ》に添い奉《たてまつ》り　国之日津久神《くにのひつくのかみ》と成り成りて　全き務め果たしまするよう　何とぞ　御《ご》守護願い上げます　そがため　この身この霊《たま》は　いかようにでもお使いくださいませ　何とぞ　三千世界の神々様　臣民人民が知らず知らずに犯しました罪穢《けが》れ過ちは　神直毘《かんなおび》　大直毘《おおなおび》に見直し聞き直しくださいますよう　特にお願い申し上げます
元つ神　えみため　えみため

第十九巻　祭りの巻　第十四帖　（四一八）

旧九月八日《か》から、祭り、礼拝、すっくり変えさすぞ。神世までにはまだまだ変わるのぢゃぞ。

祓《はら》いは、祓《はら》い清めの神々様にお願いして、北、東、南、西の順に拍手《かしわで》四つずつ打ちて祓《はら》いくだされよ。

第十九巻　祭りの巻　第十五帖　（四一九）

旧九月八日《か》からの当分の礼拝の仕方、書き知らすぞ。

大神様には、まず神前に向かって静座《せいざ》し、しばし目瞑《つむ》り、キ鎮め、一揖《ゆう》、一拝、二拝、八拍手《はくしゅ》、数歌三回、終わりて一二三、三回宣り上げ、天之日津久大《あめのひつくのおお》神《かみ》様、弥栄《やさか》ましませ、弥栄《いやさか》ましませ、国之日津久大神様《くにのひつくのおおかみ》、弥栄《やさか》ましませ、弥栄《いやさか》ましませと宣り上げ、終わって誓《ちか》いの言葉、誓《ちか》えよ。終わりて神のキいただけよ。三回でよいぞ。終わりて八拍手《はくしゅ》、一拝、二拝、一揖《ゆう》せよ。

次に、神々様には一揖《ゆう》、二拝、四拍手《よはくしゅ》、数歌三回宣りて、百々《もも》諸々の神々様、弥栄《やさか》ましませ、弥栄《いやさか》ましませと宣り上げ、終わりて誓《ちか》いの言葉、誓《ちか》えよ。終わりて四拍手《よはくしゅ》、二拝、一揖《ゆう》せよ。

霊《たま》の宮には、一揖《ゆう》、一拝、二拍手《はくしゅ》、数歌一回、弥栄《やさか》ましませ、弥栄《いやさか》ましませと宣り、二拍手《はくしゅ》、一拝、一揖《ゆう》せよ。

各《おの》も各もの御霊《みたま》様には、あとで御霊祝詞《みたまのりと》するもよいぞ。

第十九巻　祭りの巻　第十八帖　（四二二）

旧九月八日《か》までに、すっくりと祭り変えてくれよ。

真中に御《ご》三体の大神様、御《ご》三体の大神様、天之日津久大神《あめのひつくのおおかみ》様、国之日津久大《くにのひつくのおお》神《かみ》様、雨の神様、風の神様、岩の神様、荒れの神様、地震の神様、弥栄《いやさか》祭り結構ぞ。その左に万霊《よろずたま》の神様、世の元からの生き神様、百々《もも》の神様、産土《うぶすな》様、良きに祭り、結構いたし祭り始めくれよ。その右《みぎ》に国之日津久神《くにのひつくのおおかみ》様、霊《たま》の諸々の神様、篤《あつ》く祭り結構ぞ。

第十九巻　祭りの巻　第二十帖　（四二四）

神々様の大前《おおまえ》に申し上げます　この度の岩戸開《びら》きの御神業《ごしんぎょう》に　なお一層の御活《ご》動願い上げます　大神様の大御心《おおみこころ》と御心《みこころ》合わせなされ　いと高き神の働き願い上げます　世界の民等《たみら》が日々《にちにち》犯しました罪穢《けが》れ過ちは　何とぞ　神直毘《かんなおび》　大直《おおなお》毘《び》に見直し聞き直しくださいまして　この上《うえ》ながらの御《ご》守護願い上げます

これは神々様への誓《ちか》いであるぞ。

第二十巻　梅の巻　第一帖　（四二八）

御剣《みつるぎ》の大神、黄金《こがね》の大神、白銀《しろがね》の大神と称え奉《まつ》り、結構結構ぞ。結構いたし祭りくれよ。大蛇《おろち》、九尾《きゅうび》、邪鬼の三大将殿の御力《おん》祭りて、弥栄《いやさか》よく良きに動くぞ。開《ひら》け輝くぞ。光の御世《み》となるぞ。

第二十巻　梅の巻　第二帖　（四二九）

ヒツクの民の家《うち》には、御《ご》神名か御《ご》神石か御《ご》神体として、代表の大神様として、天之日津久大神《あめのひつくのおおかみ》様、国之日津久大神《くにのひつくのおおかみ》様と称え、斎《いつき》祭り結構いたしくれよ。一の宮、二の宮などの祭り、天明に知らしてあるぞ。道院《どういん》殿、老祖《ろうそ》様は、中の宮に、他《た》は道院《どういん》の神々様として、次の宮に結構祭りてよいぞ。いずれも弥栄《やさか》、弥栄《いやさか》ぞ。

第二十巻　梅の巻　第三帖　（四三〇）

世界の民の会、作れよ。人民、拝《おが》み合うのざぞ。皆にまつろえと申してあろがな。円居《まどい》、作れ作れ。皆拝《おろが》み合うのざぞ。円居の印は⊙ぞ。拝《おろが》み合うだけの円居でよいぞ。

第二十巻　梅の巻　第十九帖　（四四六）

節分からの誓《ちか》い変えさすぞ。

大神様には、御《ご》三体の大神様、御《ご》三体の大神様と七回繰り返せよ。それでよいぞ。神々様には、弥栄《やさか》ましませと五回繰り返せよ。霊《たま》の宮には、弥栄《やさか》ましませと三回繰り返せよ。それでよいぞ。弥栄《いやさか》ざぞ。

第二十一巻　空の巻　第二帖　（四五七）

ひふみゆらゆらと、一回、二回、三回、唱《とな》え奉《まつ》れよ。甦《よみがえ》るぞ。次に人は道真中にして輪となり、皆の者集まりて、お互いに拝《おろが》み、中心にまつりまつり結構ぞ。節分からでよいぞ。

第二十一巻　空の巻　第十三帖（四六八）

旧五月五日から《か》の礼拝の仕方、書き知らすぞ。

朝は、大神様には一拝、二拝、三拝、八拍手《はくしゅ》。ひふみゆらゆら、ひふみゆらゆらひふみゆらゆら、ひふみゆらゆらひふみゆらゆらひふみゆらゆら。一二三《ひふみ》祝詞《のりとの》宣りてから、御《ご》三体の大神様、弥栄《やさか》ましませ、弥栄《いやさか》ましませ、天之日津久《あめのひつくの》大神《おおかみ》様、弥栄《やさか》ましませ、弥栄《いやさか》ましませ、国之日津久大神《くにのひつくのおおかみ》様、弥栄《やさか》ましませ、弥《いや》栄《さか》ましませ。八拍手《はくしゅ》。御《ご》三体の大神様、七回宣れよ。終わりて大神様のキいただけよ。八拍手《はくしゅ》、一拝、二拝、三拝せよ。

夜《よる》は、同じようにして一二三祝詞《のりと》の替わりに、いろは祝詞《のりと》宣れよ。三五七に切りて、手打ちながら、一二三祝詞《のりと》と同じように宣りて結構ぞ。

昼は、大地に祈れよ。黙祷《もくとう》せよ。時により所によりて、しばし黙祷せよ。お土の息いただけよ。できれば、裸足になってお土の上《うえ》に立ちて、目を瞑《つむ》りて足にて息せよ。一回、二回、三回せよ。

神々様には、二拝、四拍手《しはくしゅ》。ひふみゆらゆら、ひふみゆらゆらひふみゆらゆら、ひふみゆらゆらひふみゆらゆらひふみゆらゆら唱え、天《あめ》の数歌三回唱え、神々様、弥栄《やさか》ましませ、弥栄《いやさか》ましませと宣りて、四拍手《しはくしゅ》せよ。誓《ちか》いは時によりてよきにせよ。

霊《たま》の宮には、一拝、二拍手《はくしゅ》。天《あめ》の数歌一回。弥栄《やさか》ましませ、弥栄《いやさか》ましませ。二拍手《はくしゅ》、一拝でよいぞ。ひふみゆらゆら、要らんぞ。誓《ちか》いは、その時々によりてよきにせよ。

各々の先祖さんには、今までの祝詞《のりと》でよいぞ。

当分これで変わらんから、印刷してよく分かるようにして、皆の者に分けて取らせよ。弥栄《いやさか》に拝《おろが》み奉《まつ》れよ。

第二十一巻　空の巻　第十四帖　（四六九）

日津久大神《ひつきのおおかみ》、キリスト大神、釈迦大神《しゃかおおかみ》、マホメット大神、黒住大神《くろずみおおかみ》、天理大《てんりおお》神《かみ》、金光大神《こんこうおおかみ》、大本大神《おおもとおおかみ》、老子大神《ろうしおおかみ》、孔子大神《こうしおおかみ》、すべて十柱《とはしら》の大神は、光の大神として斎《いつき》祭り結構いたしくれよ。富士晴れるぞ。岩戸開《あ》けるぞ。御《ご》神名書かすぞ。

ひかりの教会祝詞《のりと》は、光の大神、弥栄《やさか》ましませ、弥栄《いやさか》ましませ、光の大神、守り給《たま》え、幸《さきわ》え給えと申せよ。弥栄弥栄《やさかいやさか》。

十柱揃《とはしらそろ》たら祭れと申してあろが。分かりたか。

第二十二巻　青葉の巻　第三帖　（四七二）

ひかり教の教旨、書き知らすぞ。人民、その時、所に通用するようにして、説いて知らせよ。

教　旨

天地不二《てんちふじ》

神人合一《しんじんごういつ》

天《あめ》は地《つち》なり　地《つち》は天《あめ》なり　不二《ふじ》なり　天地《あめつち》なり

神は人なり　人は神なり　一体なり　神人《かみひと》なり

神幽現《しんゆうげん》を通じ、過現未《かげんみ》を一貫して、神と人との大和合《だいわごう》、霊界と現界との大和《だいわ》合《ごう》をなし、現幽神《げんゆうしん》、一体大和楽《だいわらく》の光の国実現をもって、教旨とせよ。

次に信者の実践のこと書き知らすぞ。

三大実践主義

弥栄《いやさか》実践

祓《はらい》実践

☉《まつり》実践　☉はまつりぞ

大宇宙の弥栄《いやさか》、生成化育《せいせいかいく》は、寸時《すんじ》も休むことなく進められているのざぞ。弥《いや》栄《さか》が神の御《ご》意志ざぞ。神の働きざぞ。弥栄《いやさか》は実践ざぞ。人としては、その刹那《せつな》刹那に弥栄《いやさか》を思い、弥栄《いやさか》を実践してゆかねばならんのざぞ。

宇宙のすべては⦿となっているのざぞ。どんな大きな世界でも、どんなに小さい世界でも、ことごとく中心に統一されてまつろうているのざぞ。まつりせる者を善といい、それに反する者を悪というのざぞ。人々のことごとまつり合わすは元より、神、幽、現の大和《だいわ》実践してゆかねばならんのざぞ。天地《あめつち》の大祓《おおはら》いと呼応して、国の潔斎《けっさい》、人の潔斎、祓《はら》い清めせねばならんのざぞ。与えられた使命を果たすには、潔斎せねばならんのざぞ。省《かえり》みる、恥じる、悔ゆる、恐《おそ》る、悟るの五つの働きを正しく発揮して、禊祓《みそぎはら》いを実践せねばならんのであるぞ。

役員よきにして、今の世に、よきように説いて聞かして、まず七七、四十九人、三四三人、二四〇一人の信者、早う作れよ。信者は光ぞ。それができたら足場できるのざぞ。産土《うぶすな》の神様祭りたら、信者できたら、国魂の神様祭れよ。次に大国魂《おおくにたま》の神様祭れよ。世、光来るぞ。

第二十二巻　青葉の巻　第十七帖　（四八六）

日の神ばかりでは、世は持ちてはゆかんなり。月の神ばかりでもならず。そこで月の神、日の神が御《ご》一体となりなされて、弥勒《みろく》様となりなされるなり。日月神《ひつきのかみ》と現れなさるなり。弥勒《みろく》様が日月大神《ひつきのおおかみ》様なり。日月大神《ひつきのおおかみ》様が弥勒《みろく》の大神様なり。地《ち》の御《ご》先祖様、地《くに》の御《ご》先祖様と御《ご》一体となりなされて、大日月地大神《おおひつきくにのおおかみ》様と現れなさるなり。旧九月八日《か》からは大日月地大神《おおひつきくにのおおかみ》様と拝《おろが》み奉《まつ》れよ。

第二十二巻　青葉の巻　第二十三帖　（四九二）

かねて見してある弥栄《やさか》祈願せよ。

弥栄《やさか》祈願。弥栄《やさか》祈願。弥栄《やさか》祈願。やさ火《か》き火《か》ん。やさ水《か》き水《か》ん。火と水の御《ご》恩。弥栄《やさか》祈願。

弥栄《やさか》の祭りぞ。弥栄《やさか》祭りの秘訣、秘密（火水《ひみつ》）は知らしてあろ。筆よく読めよ。これからの筆は、一二三《ひふみ》と申せよ。弥栄弥栄《やさかやさか》。

第二十六巻　黒鉄《くろがね》の巻　第三十九帖　（六五七）

ひふみ神言

ひふみゆらゆら
ひふみゆらゆら　ひふみゆらゆら
ひふみゆらゆら　ひふみゆらゆら　ひふみゆらゆら

あめつちの数歌

ひとふたみよいつむゆななやここのたり
ひとふたみよいつむゆななやここのたり
ひとふたみよいつむゆななやここのたりももちよろず

ひふみ祝詞《のりと》（〇印拍手）

〇〇〇〇〇〇〇〇〇〇〇〇〇〇〇〇〇〇〇〇

ひふみ　よいむなや　こともちろらね

〇〇〇〇〇〇〇〇〇〇〇〇〇〇〇〇〇〇

しきる　ゆゐつわぬ　そをたはくめか

〇〇〇〇〇〇〇〇〇〇〇〇〇〇〇〇〇〇〇〇

うおえ　にさりへて　のますあせゑほれけ

いろは祝詞（〇印拍手）

〇〇〇〇〇〇〇〇〇〇〇〇〇〇〇〇〇〇〇〇

いろは　にほへとち　りぬるをわかよ

〇〇〇〇〇〇〇〇〇〇〇〇〇〇〇〇〇〇

たれそ　つねならむ　うゐのおくやま

○○○○○○○○○○○○○○○○○○○○○

けふこ　えてあさき　ゆめみしゑひもせすん

アイウエオ祝詞

ン⃝㋒アイウエオ　カキクケコ　サシスセソ　タチツテト　ナニヌネノ

ハヒフヘホ　マミムメモ　ヤヰユヱヨ　ラリルレロ　ワヰウヱヲ㋒ン⃝

第二十七巻　春の巻　第三帖　（六六〇）

掛けまくも畏《かしこ》み極み国土《くにつち》の　清《すが》の中なる大清み

清みし中の清らなる　清き真中の喜びの

その真中なる御《み》光の　そが御《み》力ぞ綾によし

常立《とこたち》まし大国《おおくに》の　常立大神豊雲野《とこたちおおかみとよくもぬ》

豊《とよ》の大神瀬織津《せおりつ》の　姫の大神速秋《はやあき》の

秋津《あきつ》姫神《ひめかみ》伊吹戸《いぶきど》の　主《す》の大神速々の
佐須良《すせら》姫神《ひめかみ》これやこの　大日月地皇神《おおひつきくにすめかみ》の
御前《みまえ》畏み謹みて　うなね貫き白《もう》さまく
ことのまことを伊ゆく水　流れ流れて月速み
いつの程にやこの年の　冬も呉竹《くれたけ》一《ひと》と夜《よさ》の
梓《あずさ》の弓の今とはや　明けなん春の立ち初《そ》めし
真玉新玉喜びの、神の御稜威《みいづ》につらつらや
思い浮かべば天地《あめつち》の　始めの時に大御親《おおみおや》
国常立《くにとこたち》の大神伊　三千年《みちとし》またも三千年《みちとし》の
またも三千年《みちとし》憂《う》きに瀬に　忍び堪《た》えまし波風の
その荒々し海神《わたつみ》の　塩の八百路の八汐路の
汐の八穂合い洗われし　孤島の中の籠《こも》らいし
籠り給《たま》いて畏《かけま》くも　この世構いし大神の
時巡りきて一筋《ひとすじ》の　光の御《み》世と出《い》でませし

目出度《めでた》き日にぞ今日の日は　御前《みまえ》畏み御饌御酒《みけみき》を
捧げ奉《まつ》りて海山野《ぬ》　種々珍《くさぐさうず》の貢物《みつぎもの》
供え奉《まつ》りてかごじもの　膝折り伏せて大祭り
奉《まつ》り仕えん奉《まつ》らまく　生きとし生けるまめ人の
ゆくりあらずも犯しけん　罪や穢《けが》れのあらんをば
祓戸《はらえど》にます祓戸《はらえど》の　大神達と相共《あいとも》に
ことはかりまし神直日　大直日にぞ見い直し
聞き直しまし祓《はら》いまし　清め給いて清々《すがすが》し
清《すが》の御《み》民と聞こし召し　相諾《あいうべな》いて給えかし
給われかしと味物《ためつもの》　百《もも》取り更に百取りの
机の代《しろ》に足らわして　横山の如《ごと》波の如
伊盛栄ゆる大神の　神の御前《みまえ》に奉《まつ》らまく
こいのみまつる畏みて　奉《まつ》らく白《もう》す弥次々に

節分の祝詞《のりと》であるぞ。太祝詞《ふと》せよ。いよいよの年、立ち初《そ》めたぞ。嬉し嬉しの御《み》世来るぞ。

補巻　月光の巻　第十九帖　（七九一）

釈迦、キリスト、マホメット、その他世界の命《いのち》ある教祖及びその指導神を、御《み》光の大神様と称え奉《まつ》れと申してあろが。大日月地大神様《おおひつきくにのおおかみ》の一つの現れぞと申してあろが。なぜに御《み》光の大神様として斎祭《いつき》らんのぢゃ。宗教せぬのぢゃ。そこにひかり教会としての力が出ないのぢゃ。

五十黙示録　第四巻　龍音の巻　第十九帖（九一二）

霊の発動を止《と》めて静かにする法は、国常立大神《くにとこたちのおおかみ》、守り給《たま》え、幸《さきわ》え給えと三回繰り返すこと。また素戔鳴大神《すさなるのおおかみ》、守り給え、幸《さきわ》え給えと三回繰り返すこと。または大日月地大神《おおひつきくにのおおかみ》、守り給え、幸《さきわ》え給えと三回繰り返すこと。

世界そのものの霊懸《れいがか》り、日本の霊懸《れいがか》り、早う鎮めんと手におえんこととなるが、見てござれよ。見事なことをいたして、お目に掛けるぞ。

五十黙示録　補巻　紫金《しきん》の巻　第一帖　（九六五）

高天原《たかあまはら》　淤能碁呂《おのころ》に神留《つま》ります　皇親神漏岐《すめむつかむろき》　神漏美《かむろみ》の命《みこと》もちて　千万《ちよろず》の神達を神集えに集え給《たま》い　神議《はか》りに議り給いて　下津岩根《したついわね》に宮柱太敷《みやはしらふとしき》立て　高天原《たかあまはら》に千木高《ちぎたか》知りて　伊都《いず》の御宝《みたから》の大御心《おおみこころ》の随《まにま》に千座《ちくら》の置座《おきくら》に置き足らわして天地祝詞《あめつちのりと》の太祝詞言《ふとのりとごと》を宣《の》れ
かく宣らば　神は各《おの》も各もの岩戸を押し開《ひら》きて　伊頭《いづ》の千別《ちわ》きに千別き給いて聞こし召さむ　かく聞こし召してば　天《あめ》の国　現《うつ》し国共に罪という罪はあらじと科戸《しなど》の風の吹き放つことの如く　朝風夕風の吹き払う如く　大つ辺《べ》におる大船を舳《へ》解き放ち艫《とも》解き放ちて大海原に押し放つことの如く　残る罪も穢《けが》れもあ

らじと祓《はら》え給え清め給うことを　よし祓《はら》え　あし祓《はら》え給いて弥栄《いやさか》の御《み》世とこそ
幸《さきわ》え給え幸《さきわ》え給え

○一二三四五六七八九十百千万歳万歳

付録(二)

和歌部分抜粋

第二巻　下《しも》つ巻　第十一帖　（五三）

獣《けもの》さえ神の御《み》旨に息《いき》せるを神を罵《ののし》る民の多《さわ》なる

第三巻　富士の巻　第十六帖　（九六）

嵐の中の捨て小舟《おぶね》ぞ　どこへゆくやらゆかすやら
船頭さんにも分かるまい　メリカキリスは花道で
味方と思うた国々も　一つになりて攻めてくる
梶《かじ》も櫂《かい》さえ折れた舟　どうすることもなくなくに
苦しい時の神頼み　それでは神も手が出せぬ
腐りたものは腐らして　肥《こ》やしになりと思えども
肥やしにさえもならぬもの　たくさんできておろうがな
北から攻めてくる時が　この世の終わり始めなり

天《てん》にお日様一つでないぞ　二つ三つ四つ出てきたら
この世の終わりと思えかし　この世の終わりは神国《かみぐに》の
始めと思え臣民よ　神々様にも知らすぞよ
神はいつでも掛かれるぞ　人の用意を急ぐぞよ

第三巻　富士の巻　第二十四帖　（一〇四）

富士を目指して攻め寄する　大船《おおぶね》小船《こぶね》天《あめ》の船
赤鬼青鬼黒鬼《くろおに》や　大蛇《おろち》悪狐《あっこ》を先陣に
寄せくる敵《てき》は空覆《おお》い　海を埋《うず》めてたちまちに
天日《てんじつ》暗くなりにけり　折《おり》しもあれや日の国に
一つの光現れぬ　これこそ救いの大神と
救い求むる人々の　目に映れるは何事ぞ
攻めくる敵《てき》の大将の　大き光と呼応して

一度にどっと雨降《ふ》らす　火の雨なんぞたまるべき
まことの神はなきものか　これはたまらぬ兎《と》も角《かく》も
命《いのち》あっての物種《ものだね》と　兜《かぶと》を脱がんとするものの
次から次に現れぬ　折《おり》しもあれや時ならぬ
大風起こり雨来たり　大海原《おおうなばら》には竜巻や
やがて火の雨地震《あめつちふる》い　山は火を吹きどよめきて
さしもの敵《てき》もことごとく　この世の外《ほか》にと失《う》せにけり
風やみ雨も収まりて　山川静まり国土《くにつち》の
所々に白衣《しろきぬ》の　神の息吹《いぶき》に甦る
御《み》民の顔の白き色　岩戸開《ひら》けぬしみじみと
大空仰ぎ神を拝《おが》み　地《ち》に跪《ひざまず》き御民《みたみ》等の
目に清々《すがすが》し富士の山　富士は晴れたり日本晴れ
富士は晴れたり岩戸開《あ》けたり

第四巻　天《あま》つ巻　第七帖　（一一四）

富士は晴れたり日本晴れ
二本のお足であんよせよ　二本のお手々で働けよ
日本の神の御《おん》仕組　いつも二本となりてるぞ
一本足の案山子《かかし》さん　今更《いまさら》どうにもなるまいが
一本の手の臣民よ　それでは生きてはゆけまいが
一本足では立てないと　いうこと最早《もはや》分かったら
神が与えた二本足　日本のお土に立ちてみよ
二本のお手々打ち打ちて　神拝《おろが》めよ天地《あめつち》に
響くまことの拍手《かしわで》に　日本の国は晴れるぞよ
富士は晴れたり日本晴れ　富士は晴れたり岩戸開《あ》けたり

第六巻　日津久《ひつく》（日月）の巻　第二帖　（一七五）

三千年《さんぜんねん》三千世界乱れたる　罪や穢《けが》れを身に負いて
この世の裏に隠《か》れしまま　この世構いし大神の
命《みこと》　畏《かしこ》みこの度《たび》の　岩戸開《びら》きの御用する
身魂《みたま》はいずれも生き変わり　死に変わりして練りに練り
鍛えに鍛えし神国《かみぐに》の　まことの身魂天《あま》駈けり
国駈けります元の種《たね》　昔の元の御種《おんたね》ぞ
今落ちぶれているとても　やがては神の御民《み》とし
天地《あめつち》駈けり神国《かみぐに》の　救いの神と現れる
時近づきぬ御民等《みたみら》よ　今一《ひと》苦労二《ふた》苦労
とことん苦しきことあれど　耐え忍びてぞ次の世の
まこと神世《かみよ》の礎《いしずえ》と　磨きてくれよ神身魂《かみみたま》
弥栄《いやさか》つぎに栄えなん　身魂幸《さちわ》えましましさん

第六巻　日津久《ひつく》（日月）の巻　第三十八帖　（二一一）

大きアジアの国々や　島々八十《やそ》の人々と
手握り合い神国《かみぐに》の　光り輝く時来《き》しと
皆喜びて三千年　神の御業《みわざ》の時来《き》しと
思える時ぞ神国《かみぐに》の　まこと危《あぶ》なき時なるぞ
夜半《よは》に嵐のどっと吹く　どうすることもなくなくに
手足縛られ縄つけて　神の御子等《みこら》を連れ去られ
あとには年寄り片輪《かたわ》のみ　女子供《おみな》も一時《ひととき》は
神の御子《みこ》たる人々は　ことごと暗い臭《くさ》い屋《や》に
暮らさなならん時来るぞ　宮は潰《つぶ》され御文《みふみ》皆
火にかけられて灰となる　この世の終わり近づきぬ
この筆心に入れくれと　申してあること分かる時
いよいよ間近になりたぞよ　出掛けた船ぞ褌《ふんどし》締めよ

第七巻　日の出の巻　第十帖　（二二三）

桜咲き神の御《み》国は明《あ》け初《そ》めにけり

第十巻　水の巻　第一帖　（二七五）

見渡す限り雲もなく　富士は晴れたり日本晴れ
海は晴れたり日本晴れ　港々に日の丸の
旗翻《ひるがえ》る神の国

曇りなく空は晴れたり

第十一巻　松の巻　第二十七帖　（三一八）

天《てん》も地《ち》も一つに交ぜし大嵐　攻めくる敵《てき》は駿河灘《するがなだ》
富士を境に真っ二つ　まず切り取りて残るもの
七つに裂かん仕組なり　されど日本は神の国
最後の仕組神力《しんりき》に　寄せくる敵《てき》は魂《たましい》まで
一人残らず無《の》うにする　夜明けの御用務めかし
晴れたる富士の清々《すがすが》し

第十二巻　夜明けの巻　第十二帖　（三三二）

あら楽しあなさやけ　元津御神《もとつみかみ》の御光《み》の
輝く御《み》世ぞ近づけり　岩戸開《あ》けたり野も山も
草の片葉《かきは》も言《こと》やめて　大御光《おおみひかり》に寄り集う

まことの御世《みよ》ぞ楽しけれ　今一苦労《ひとくろう》二苦労《ふたくろう》
とことん苦労あるなれど　楽しき苦労ぞ目出度《めでた》けれ
申酉《さるとり》過ぎて戌《いぬ》の年　亥《い》の年子《ね》の年目出度けれ

第十二巻　夜明けの巻　第十四帖　（三三四）

あら楽し清々《すがすが》し世は朝晴れたり昼晴れたり夜《よ》も晴れたり
あら楽し清々し世は岩戸開《あ》けたり待ちに待ちし岩戸開《あ》けたり
鳥啼《な》く声す夢覚ませ　見よ明け渡る東《ひむかし》を
空色晴れて沖つ辺《へ》に　千船《ちふね》ゆき交《こ》う靄《もや》のうち

第十三巻　雨の巻　第六帖　（三四〇）

待ちに待ちにし日の出の御世《みよ》となりにけり一二三《ひふみ》いろはの世は経ちにけり

あら楽し黒雲一つ払いけり次の一つも払う日近し

第十三巻　雨の巻　第八帖　（三四二）

世の元の神の仕組の現れて三千世界光り輝く

第十三巻　雨の巻　第十四帖　（三四八）

いつも変わらん松の緑の松心《まつごころ》松の御国《みくに》の御民《みたみ》幸《さち》あれ

第十三巻　雨の巻　第十七帖　（三五一）

神の仕組の世に出《い》でにけり　あなさやけあな面白や
五つの色の七《なな》変わり　八《や》変わり九《ここ》の十々《たりたり》て
百《もも》千《ち》万《よろず》の神の世弥栄《やさか》

第十四巻　風の巻　第四帖　（三五五）

岩戸開《あ》けたり野も山も　草の片葉《かきは》も言《こと》やめて
大御《おおみ》光《ひかり》に寄り集う　楽しき御《み》世と明けにけり
都《みやこ》も鄙《ひな》もおしなべて　枯れし草木に花咲きぬ
今日《きょう》まで咲きし草や木は　一時《いちじ》にどっと枯れ果てて
土に返るよ清《すが》しさよ　ただ御《み》光の輝きて
生きの命《いのち》の尊さよ　やがては人の国土《くにつち》に

移らん時の楽しさよ　岩戸開《あ》けたり御光《み》の
富士に木《こ》の花どっと咲く　御世《み》近づきぬ御民等《たみら》よ
最後の苦労勇ましく　打ち越しくれよ共々に
手引き合いて進めかし　光の道を進めかし

第十四巻　風の巻　第十四帖　（三六五）

新しき世とは神なき世なりけり人神《ひとかみ》となる世にてありけり
世界中《せかいじゅう》人に任せて神々は楽隠居なりあら楽し世ぞ

第十九巻　祭りの巻　第六帖　（四一〇）

取られたり取り返したりこね回し終わりは神の手に蘇《よみがえ》る

世の元の真清水《ましみず》湧きに湧く所やがて奥山移さなならんぞ

筆分かる臣民二三分《にさんぶ》できたなら神いよいよの止《とど》め刺すなり

三界を貫く道ぞまことなりまことの道は一つなりけり

神界のまこと隠れし今までの道はまことの道でないぞや

鬼大蛇《おにおろち》草木動物虫けらも一つにえらぐ道ぞまことぞ

第二十一巻　空の巻　第十四帖　（四六九）

御《み》光の輝く御《み》世となりにけり嬉し嬉しの岩戸開《あ》けたり

あなさやけ三千年の夜《よ》は明けて人神《ひとかみ》となる秋《とき》は来《き》にけり

第二十二巻　青葉の巻　第四帖　（四七三）

三千年《みちとし》の富士は晴れたり岩戸開《あ》けたり

第二十二巻　青葉の巻　第十一帖　（四八〇）

世は七度《ななたび》の大変わり　変わる世かけて変わらぬは
まこと一つの木《こ》（苦《こ》）の花ぞ　木《こ》の花咲くは扶桑《ふそう》の山
富士は神山《かみやま》神住む所　やがて世界の真ん中ぞ

第二十三巻　海の巻　第一帖　（四九三）

五つに咲いた桜花《さくらばな》　五つに咲いた梅の花

第二十三巻　海の巻　第五帖　（四九七）

今日《こんにち》までの御《み》教えは　悪を殺せば善ばかり
輝く御《み》世が来るという　これが悪魔の御《み》教えぞ
この御《み》教えに人民は　すっかり騙され悪殺す
ことが正しきことなりと　信ぜしことの愚かさよ
三千年の昔から　幾千万の人々が
悪を殺して人類の　平和を求め願いしも
それは儚《はかな》き水の泡　悪殺しても殺しても
焼いても煮てもしゃぶっても　悪はますます増えるのみ

悪殺すちょうそのことが　悪そのものと知らざるや
神の心は弥栄《いやさか》ぞ　本来悪も善もなし
ただ御光《み》の栄ゆのみ　八岐大蛇《やまたのおろち》も金毛《きんもう》も
邪鬼も皆それ生ける神　神の光の生みしもの
悪抱《いだ》きませ善も抱《だ》き　あななうところに御力《み》の
輝く時ぞ来たるなり　善諍《いさか》えば悪なるぞ
善悪不二と言いながら　悪と善とを区別して
導く教えぞ悪なるぞ　ただ御光《み》のその中に
喜び迎え善もなく　悪もあらざる天国ぞ
皆一筋《ひとすじ》の大神の　働きなるぞ悪はなし
世界一家の大業《たいぎょう》は　地《ち》の上《うえ》ばかりでなどかなる
三千世界大和《だいわ》して　ただ御光《み》に生きよかし
生まれ赤子となりなりて　光の神の説き給《たま》う

まことの道を進めかし　まことの道に弥栄《やさか》ませ

岩戸開《あ》けたる今日《きょう》ぞ目出度《めでた》し次の岩戸早う開《あ》けてよ

第二十三巻　海の巻　第十九帖　（五一一）

あなさやけあな清々《すがすが》し岩戸開《あ》けたり

第二十四巻　黄金《こがね》の巻　第三十九帖　（五五〇）

見渡せば見事咲きたり天狗《てんぐ》の鼻の

第二十四巻　黄金《こがね》の巻　第四十四帖　（五五五）

ひふみゆらひふみゆらゆらひふみゆらゆら
掛《か》けまくも畏《かしこ》けれども歌奉《たてまつ》る
御前《おんまえ》に歌奉《たてまつ》る弥栄御歌《やさかみ》を

世を救う大みいわざぞみことかしこし
まさに今神のみことをこの耳（御身《みみ》）に聞く
三千世界救う御業《みわざ》ぞ言《こと》正しゆかな

大神の布《し》きます島の八十島《やそしま》弥栄《やさか》

天《あま》駆けり地《くに》駆ける神も御《み》光に伏す

堪《た》えに堪《た》えし三千年の岩戸開《ひら》けぬ

認《したた》みも祝いもとおり神に仕えん

大御《おおみ》稜威《いづ》あぎとう魚もひれ伏し集う

惟神《かんながら》みことの朝を御《み》民健やかに

神の子ぞ御《み》民ぞ今のこの幸《さち》になく

国原は大波打ちて御文《みふみ》を拝す

天もなく地もなく今をみことに生きん

大御告《おおみつ》げ八百万《やおよろず》神も勇みたつべし

天地《あめつち》の光となりて御筆《み》湧き出《い》づ

一つ血の御《み》民の血今湧きて止《と》まらず

大みこと身に甦《よみがえ》る遠つ親の血

既に吾《あ》れあるなし神の辺《べ》にこそ生きん

高鳴るは吾か親の血か御告《みつ》げ尊し
吾れあらじ神々にして祈らせ給《たま》う
天地《あめつち》も極まり泣かんこの時にして
かつてなき大御告《おおみつ》げなり断《た》たでやむべき
天地《あめつち》も極まりここに御《み》世生まれこん
大き日の陽《ひ》に溶け呼ばん国開《ひら》く道
みこと宣《の》り今ぞ輝き岩戸開《ひら》けん

宮柱太敷《ふとし》き建てて神の随《まにま》に
抱き参らせ大御心《おおみこころ》に今ぞ応えん
言《こと》い向けまつろわし召しみことかしこし
ただ涙堰《せき》あえず吾は御前《おんまえ》に伏す
捧げたる命《いのち》ぞ今を神と生まれます
大前《おおまえ》に伏すも畏《かしこ》し祈る術《すべ》なし
今はただ命《いのち》の限りお道伝えんを

祈りつつ限り尽くさん御《み》民なり吾れ
命《いのち》越え大き命《いのち》に生きさせ給え
ひたすらにみこと畏《かしこ》み今日に生きこし
言霊《ことだま》の言《こと》高らかに太陽《おおひ》に溶けな
天に叫び吾れに鞭《むち》打ち今日に生きこし
嵐《あらし》となり天《あま》駆けりなばこの心癒《い》えんか
走りつつ今海出《い》づる大き月に呼ぶ

御身《みみ》隠し命《いのち》と生まれて遠《とお》つ親さか

神々の智は弥栄えここに吾れ立つ

御《み》民皆死すちょうことのありてあるべき

あなさやけ御《み》民栄《は》えあり神共にゆく

さあれ吾の命《いのち》尊し吾を拝《おろが》みぬ

水浸《みづ》くとも苔生《こけむ》すとても生きて仕えん

いゆくべし曲《まが》(禍)の曲(禍)こと断《た》たでやむべき

返り言《ごと》高ら白《もう》さんと今日も死をゆく
追い追いて山の尾ごとにまつろわさんぞ
追い払い川の瀬ごとに曲《まが》（禍）和《なご》めなん
みことなれば天《あめ》の壁立つ極みゆかなん
利心《とごころ》の雄叫《おたけ》び天も高く鳴るべし
正言《まさごと》を正言として知らしめ給え
手肱《たなひじ》に水泡《みなわ》かきたり御年《みとし》（補訂者注：稲）育てんを

向股《むかまた》に泥《ひじ》かき寄せて穀《たなつ》作らん
狭田《さだ》長田《おさだ》所せきまで実らせ給え
神々の血潮《ちしお》とならん言《こと》に生きゆく
言騒《ことさや》ぐ民言《こと》向けて神に捧げん
にぎて掛け共に歌わば岩戸開《ひら》けん
大き日に真向かい呼ばん神の御《おん》名を
道端《みちばた》の花の白きに祈る人あり

拍手《かしわで》の響きて今の大き喜び
悔ゆるなく御前《おんまえ》に伏し祝詞《のりと》申すも
祝詞せば誰か和しおり波の寄す如《ごと》
祝詞申す我《わ》が魂《たましい》に呼ぶ何かあり
御前《おんまえ》に額突《ぬかづ》きあれば波の音聞こゆ
悔ゆるなき一日《ひとひ》ありけり夕月に歩《ほ》す
曇りなく今を祝詞す幸《さきわ》え給え

奉《たてまつ》る歌聞こし召せ幸《さきわ》え給え

ひふみよいむなやこたりももちよろずう

第二十四巻　黄金の巻　第九十三帖　（六〇四）

やがては明くる扶桑《ふそう》の朝富士は晴れたり日本晴れ

第二十六巻　黒鉄《くろがね》の巻　第三十八帖　（六五六）

目出度《めでた》さの九月八日のこの仕組溶けて流れて世界一つぢゃ

第二十七巻　春の巻　第一帖　（六五八）

新しき御世《み》の始めの辰《たつ》の年皇大神《すめおおかみ》の生まれ出《い》で給《たま》いぬ

第二十七巻　春の巻　第三帖　（六六〇）

新玉《あらたま》の玉の御年《みとし》の明け初《そ》めて罪も穢《けが》れも今はあらじな

第二十七巻　春の巻　第三十三帖　（六九〇）

新玉《あらたま》の真珠の波も草も木も春立ち初《そ》めて甦りけり

第二十七巻　春の巻　第三十五帖　（六九二）

良きことは人に譲りて人を褒《ほ》め人立てるこそ人の人なる

敬愛のまこと心にまこと宣《の》りまこと行う人ぞ人なる

五十黙示録《いせもくじろく》　第一巻　扶桑《ふそう》の巻　第一帖　（八三五）

東は扶桑《ふそう》なり日出《い》づる秋《とき》は来にけり

五十黙示録　第一巻　扶桑の巻　第二帖　（八三六）

中臣《なかとみ》の太祝詞言《ふとのりとことふと》太に宣《の》り上《あ》ぐ

五十黙示録　第一巻　扶桑の巻　第三帖　（八三七）

高天原《たかあまはら》に千木《ちぎ》高《たか》しりて仕え奉《まつ》らん

五十黙示録　第一巻　扶桑の巻　第四帖　（八三八）

罪穢《けが》れ今はあらじと祓《はら》え給《たま》いそ

五十黙示録　第一巻　扶桑の巻　第五帖　（八三九）

八潮路《やしおじ》の潮《しお》の八百会《やもあ》い母います国

五十黙示録　第一巻　扶桑の巻　第六帖　（八四〇）

祓《はら》いため千城百国整治万歳

五十黙示録　第一巻　扶桑の巻　第七帖　（八四一）

岩隠れし比売《ひめ》の御陰《みほと》は焼かえ給《たま》いて

五十黙示録　第一巻　扶桑の巻　第八帖　（八四二）

平坂《ひらさか》の岩戸開《ひら》けん音の聞こゆる

五十黙示録　第一巻　扶桑の巻　第九帖　（八四三）

捧げてん和稲荒稲《わしねあらしね》横山の如《ごと》

五十黙示録　第一巻　扶桑の巻　第十帖　（八四四）

赤丹《あかに》の頬《ほお》に聞こし召《め》しませ御酒《みき》奉《たてまつ》る

五十黙示録　第一巻　扶桑の巻　第十一帖　（八四五）

奥津藻葉辺津藻葉《おきつもはへつもは》ぞ母しらす御《み》国の

五十黙示録　第一巻　扶桑の巻　第十二帖　（八四六）

奉《たてまつ》る珍《うず》の幣帛《みてくら》聞こし召したべ

五十黙示録　第一巻　扶桑の巻　第十三帖　（八四七）

称言《たたえごと》太祝詞言《ふとのりとこと》今ぞ高らに

五十黙示録　第一巻　扶桑の巻　第十四帖　（八四八）

青海原《あおうなばら》青垣山《あおがきやま》の内に御《み》子生《う》まる

五十黙示録　第一巻　扶桑の巻　第十五帖　（八四九）

百足《もも》らず八十隈手《やそくまで》今開《ひら》かん時ぞ

五十黙示録　第三巻　星座の巻　第二十三帖　（八九一）

二二《にじゅうに》の二《つぎ》の五つの今開《あ》けて万因縁《よろずいんねん》出《い》づる時来ぬ

五十黙示録　第三巻　星座の巻　第二十五帖　（八九三）

手長手伸堅磐常磐《たながたのしかきわときわ》に祝う御世《み》なる

生井栄井綱長井阿須波比支《いくいさかいつながいあすはいき》称えましを

底つ岩根《いわね》千木《ちぎ》岩《いわ》高く瑞《みず》の御《み》舎《あらか》
四方《よも》の御門《みかど》五方《いつも》と開《ひら》き珍幣帛《うずみてくら》を
巫《かんなぎ》の辞竟奉《ことおえまつ》る生足《いくたる》御《み》国
潮沫《しおなわ》の留《とど》まる限り皇国《みくに》弥栄《やさか》ゆ
海原《うなばら》の辺《べ》にも沖にも神留《つま》ります
天の壁地《くに》の退《そき》立《た》つ極み手伸《たのし》き
八十綱《やそつな》を百綱《ももつな》とかけてせさし給《たま》わん

五十默示録　第四巻　龍音《りゅうおん》の巻　第一帖　（八九四）

言《こと》やめて草の片葉《かきは》も日に伸びゆかな
八十隈手《やそくまで》ゆきにし神は今帰ります
素戔鳴尊《すさなるのみこと》しらせる海原《うなばら》ぞやよ
天ケ下《あめがした》落つる隈《くま》なく照らす大神
高短《たかひき》の伊穂理《いほり》かき分け聞こし召すらん
罪という罪はあらじな神の子なれば

一二三《ひふみ》百千万《ももちよろず》と咲《え》ます元《もと》つ大神

八十《やそ》伴《ともの》 男《お》百《もも》足り足りて仕え奉《まつ》らん

ゆく水に清めて仕う極みの御《み》 舎《あらか》

言霊《ことだま》の栄ゆる御《み》歌に祓《はら》いてましを

禊《みそぎ》して祝う命《いのち》ぞ弥栄《やさか》ましませ

安国の瑞穂《みずほ》の国としらし給《たま》いぬ

八重雲《やえぐも》の十重雲《とえぐも》千別《ちわ》き千別き天降《あも》りぬ

千木高知《ちぎたかし》り瑞《みず》の御舎《みあらか》咲《え》み仕えなん

許々太久《ここたく》の罪はあらじな大岩戸開《あ》く

四方《よも》の国咲《え》み集うらし真中の国に

善き悪しき皆祓《はら》いませ科戸《しなど》の風に

五十黙示録　第四巻　龍音の巻　第二帖　（八九五）

八束穂《やつかほ》の十束穂《とつかほ》とこそ実らせ給《たま》え

瓶原《みかのはら》みて並べてぞ天地《あめつち》の座に

御《み》服《そ》輝《かが》し明照和《あかてるにぎ》（明妙照妙和妙《あかたえてるたえにぎたえ》）風の随《まにま》に

巫《かんなぎ》の大御心《おおみこころ》のまま弥栄《いやさか》えん

千木《ちぎ》千木し瑞《みず》の御舎《みあらか》仕えまつらん

御前《おんまえ》に珍《うず》の幣帛《みてくら》称えまつ栄

大神の咲《え》みに弥栄《やさか》ゆ生国足国《いくくにたるくに》

狭《さ》き国は広く峻《さか》しき国は平《たいら》に

日のみかけ百島千島《ももしまちしま》落つる隈なく

青雲のたなびく極み敷《し》きます宝座《みくら》

甘菜辛菜《あまなからな》地の極みまで生いてなお生ゆ

見はるかす四方《よも》の国皆えらぎ賑わう

五十黙示録　第五巻　極《きわ》みの巻　第一帖　（九一三）

宇都志水《うつしみず》に天津水《あまつみず》添え奉《たてまつ》らんを

夕日より朝日照るまで太祝詞《ふとのりと》せん

火産霊《ほむすび》の御陰《みほと》焼かえて岩戸閉ざしき

五十默示録　第五巻　極みの巻　第二帖　（九一四）

青玉の水江の玉ゆいよよ栄へん

天地咲《え》ん神の礼白臣《いやしろおみ》の礼白《いやしろ》

天《あま》つ神の寿言《よごと》のままに八十岩《やそいわ》開《あ》けぬ

五十默示録　補巻　紫金の巻　第二帖　（九六六）

大君《おおきみ》のみことに禊《みそぎ》し今朝《けさ》の陽《ひ》を吸う

五十黙示録　補巻　紫金の巻　第三帖　（九六七）

伊豆幣帛《いずぬさ》を都幣帛《とぬさ》に結び岩戸開《ひら》きてし

五十黙示録　補巻　紫金の巻　第四帖　（九六八）

豊栄に栄り出《い》でます地《くに》の大神

五十黙示録　補巻　紫金の巻　第五帖　（九六九）

岩戸開《ひら》き美保貴《みほぎ》の宝奉《たてまつ》らまし

五十黙示録　補巻　紫金の巻　第六帖（九七〇）

白玉や赤玉青玉捧《ささ》げ奉《まつ》りし

五十黙示録　補巻　紫金の巻　第七帖（九七一）

太祝詞《ふとのりとの》宣り宣り祈らば岩戸開《ひら》けん

五十黙示録　補巻　紫金の巻　第八帖（九七二）

千引岩《ちびきいわ》今ぞ開《あ》けたり清《すが》し富士はも

五十黙示録　補巻　紫金の巻　第九帖　（九七三）

新しき御《み》世の始めの辰《たつ》の年あれ出《い》でましぬ隠《かく》れいし神

隠世《かくりよ》も現《うつ》し御《み》国の一筋の光の国と咲き初《そ》めにけり

付録(三)

いろはにほへとちりぬるを

奥山一四

この作品はフィクションです。実在の人物・団体とは関係ありません。

悪夢にうなされた。

恐ろしい敵が襲ってきていた。この敵から助かる方法は二つある。

一つは、強大な敵を倒すか、敵から逃げ切ること。でも、悪夢を見るような精神状態のときは、その敵がいなくなっても、すぐに次の敵が現れる。

だから最後は、もう一つの方法に頼らざるを得なくなる。自分の意思で実行するのは難しいけれど、確実な方法。それは、悪夢から目を覚ますことだ。夢の中で持っていたものはすべて失うが、目を覚ましたあとは、すぐに元の日常が戻ってくる。でも、もしも悪夢以上の現実が待っているとしたら、そのときは？

＊＊＊

それは、天気の良い元旦の出来事だった。春日開花《かすがかいか》は、初日の出を見ながら、お日様の光を体全体に吸い込むように深呼吸した。眼下には、日本棚田百選に選ばれた美しい風景が広がっている。

量子コンピューターが実用化されてからは、デジタルコンピューターとのハイブリッド人工知能（ＡＩ）が、いろいろな方面で使われるようになった。自ら考えることのできる汎用型ＡＩは、最早すべての面で人智を超えたといわれている。人間が機械をコントロールできなくなるのではと世間で騒がれているが、ここだけはポツンと時代に取り残されたようだ。

冬の朝の澄んだ空気が美味しい。気取ったことが嫌いな開花にとって、都会で着飾るより田舎の生活の方が性《しょう》に合っていたが、反面、少し退屈もしていた。今年はどんな年になるのかな。何かロマンがあることが起こるといいな。

そう思った瞬間、体が動かせなくなった。金縛りにかかったのである。

二十年近く前になるが、開花は小学校三年生の時、交通事故で両親を失った。開花自身も三日間意識を失う重体だったが、無事回復し、幸い後遺症も残らなかった。この事故のあと、二つ変化があった。一つは、宮崎県高千穂町にある母の実家に引き取られ、農作業を手伝うこととなった。もう一つは、事故以来、超能力のようなものが備わったのである。勘が働いて、このあと起こることや相手の考えていることが分かるようになった。事故前から合気道を習っていた開花は、合気道の開祖が殺気を読んで弾丸を避《よ》けたという逸話を知っていたが、開花の場合はというと、田んぼから道へ蛙が飛び出してくるのが一瞬だけ先に見えたり、田んぼで作業している時に家で祖母が開花の作った料理を食べて不味いと思っているのが分かったりと、大して役に立たないようなことばかりが気まぐれに起きた。唯一ありがたいといえるのは、ここぞと思うジャンケンでは絶対勝てることぐらいである。

だけど、金縛りは初めてだ。見た目は細そうに見えても農作業で鍛えられて力はあるのだが、指先も口も動かない。大抵のことには動じない開花も、さすがにどうしようと戸惑っていると、頭の中に大きな声が鳴り響いた。

―― 東へ行け ――

とても威厳のある、神々しい声だった。その声とともに金縛りは解けた。なんだ、今の？　ちょっとだけ考えたが、寒い寒いと騒ぎながら何事もなかったように開花は家の中に戻っていった。

翌朝も開花は棚田を眺めていた。天気が良い日の朝は棚田を眺めるのが日課だ。

すると、再び金縛りに遭った。

——急げ。早くせねば神の仕組が成就せん。世界が泥の海になるぞ——

また例の声がした。昨日と違って厳しい口調だ。

開花は、声の主が誰なのか、どこへ行ったらいいのか聞くが、返事はない。神の仕組とか何とか言ってたけど、何のことだろう。

声の主は悪人ではなさそうだし、というか神様のように思えるし、面倒だけどロマンはあるな。神様の頼みごとじゃあ、仕方ない。もし明日も聞こえたら言われたとおりにしてみるかという気になっていた。

一月三日の朝、今日も聞こえる予感があった。覚悟を決めて棚田の前に立ってみる。

――御苦労なれども世界のためざから言うことときいてくれよ――

今回は励ましてくれるような声だった。意外に優しい神様（？）なのかも。やはり行くしかないか。開花は、『世界のため』というスケールの大きな言葉に内心ワクワクしながら祖父母に話し、すぐに旅に出たいとお願いした。祖父母は、いつものキャンプかと思って聞いていたようだが、事情を知るとそんな変な旅はよしなさいと反対した。それでも開花がしつこく頼むので、農閑期であるし、かわいい子には旅をさせろというし、開花ならどこでも元気に生きていけるだろうし、長くなっても田んぼの方はドローンとお手伝いさんで何とかするから行っておいでと言ってくれた。

じいちゃん、ばあちゃん、ありがとう。

お金もなく行くあてもないので、自由がきく自転車にして、慣れた手つきでキャンプ道具を積み、開花は家を飛び出した。


「ママ、桜が咲いてるよ」

印旛《いんば》沼のサイクリングロードを開花が走っていると、沿道で子供がはしゃいでいた。

高千穂を出発した頃は、寒さを耐え凌ぐだけの硬い蕾《つぼみ》だったのに、千葉県でとうとう開花前線に追いつかれてしまったか。

沼なんていうから期待してなかったけど、良い景色ね。風車の公園も素敵だった。香取神宮に行くのは明日にして、もう少しだけ、どこか観光名所でも寄ってみるか。

開花は、リュックからスマートグラスを取り出し、装着した。

スマートグラスって、どうも好きになれないのよね。みんなＸＲ（クロスリアリティ）だめメタバースだって騒いでるけど、よくこんなのずっとかけてられるよ。

ＡＩに近くの観光名所を聞くと、『義民《ぎみん》ロード』を教えてくれた。かっこいい名前ね、私好みの場所をよく分かってる。これは行かなくちゃと、さっそくその方向に向かってペダルを漕いだ。

「ヤッホー、ヤッホー、木霊《こだま》は返るよ♪」

開花は、山の歌を大声で歌いながら自転車を漕ぐのが何より楽しい。珍しいものでも見るようにこちらを見てくる人もいるが、そんなことは気にしない。

裏道のような所を抜け県道へ出ると、人だかりがあった。九州育ちの開花は、麻多真《またま》神社など聞いたことがなかったが、もしかして有名な神社なのかな。

わー、東日本一の大杉だって。楽しみ。しっかし、東ってだけじゃ、さっぱり分からないのよね。ヒントぐらいくれてもいいのに、急いでいる割にはケチなんだから。

あれから神の声が聞こえないため、高千穂に帰ろうとしたこともあったが、戻ろうとすると途端に足がつるため、進むしかなかった。大きな神社を参拝してみているが何も起きない。大抵の人間は困り果てるところだが、開花は、開拓者精神で探せってことなのかなと納得し、まんざらでもない様子でこの状況を楽しんでいた。

鳥居をくぐり参道を進むと、立派な社《やしろ》があった。さっそく参拝し、大杉を一周する。さすが樹齢千三百年。世界の中心かっていう存在感だ。

本殿の裏側にも小さな社が並んでいる。一番奥の社の前で、神社のおじさんらしき人が、何やら説明していた。

「岡本天明《てんめい》先生が、ここ成田市にある国之日津久《くにのひつく》神社を参拝されたあと、神懸《かみがか》りして上《うえ》つ巻の第一帖と第二帖を自動書記されました。ちなみに短歌などでは、自作の詠歌ではない古歌を書くときは、筆者の名前を『○○かく』というように書きます。『上つ巻』の終わりに『日津久神《ひつくのかみ》かく』とあるので、私は、より高次の神様がおっしゃったことを日津久神様が書き留めたのではないかと思っています」

神懸りという言葉がちらっと聞こえたけど、もしかして何かの聖地なのかな。参拝者の行列ができて、本殿より並んでいる。しかも、参拝の仕方が、二拝二拍手一拝とは違うようだ。せっかくだから並んでみるか。

ようやく開花の順番が回ってきて、皆にならって参拝する。パンパンパンパンパンパンパンパンパン。今日の拍手《かしわで》は、我ながら良い響きだ。願い事は、無事に辿り着けますように。

振り返ると、さっき説明していた神社の人と目があった。そのままこちらに歩み寄ってくる。

ん？　来るかな？　でも大したことはなさそうだ。

次の瞬間、あちこちからけたたましい音が鳴りだした。

「ビービービー！　緊急地震速報です。強い揺れに備えてください」

数秒後、ガタガタガタッと細かい揺れが来て、大きな揺れが始まった。神社がミシミシ音を立てる。

「うわ、また地震だ。結構大きいかも」

「キャー！　怖い！」

慌てる参拝者に、神社の人が声をかける。

「姿勢を低くして壁や建物から離れてください！」

世界では異常気象が頻発するようになっていたが、最近は地震も多い。周期として、地震や噴火が多発する時代に突入していると言う専門家もいる。

今日は珍しくまともな未来が見えたわ。ちょっと神社の人に話を聞いてみたい気もするけど、そろそろ今日の宿泊場所であるキャンプ場へ行こう。

駐車場に着くと、何かが違った。あれ？　私の自転車がなくなってる⁉

何度探しても見当たらない。鍵かけ忘れちゃったかも。仕方ない、キャンプ場まで電車と歩きで行くか。貴重品は持ってたからいいけど、道具類もなくなった。バイトして買い直さないと。この辺なら農業の募集がありそうだな。農業って大変だから、学生の頃は死刑制度やめて代わりに農業やらせるべきって思ってたけど、結構面白いところもあるのよね。

＊＊＊

若宮晴明《わかみやはるあき》は、桜の開花状況が気になって落ち着かない。完全自動運転の車の窓から、白髪頭をキョロキョロさせながら聞いた。

「今日がベストタイミングじゃない？　どうよ」

「そうですね。さすがは本部道場長です」

本部道場長補佐の榎本大和《えのもとひろかず》がちょっと面倒くさそうに頷いた。大和は晴明より二回りほど年下だが、お筆の解釈にいつも自信満々で、晴明のことも内心は小馬鹿にしているんじゃないかと感じることがしょっちゅうある。

佐倉《さくら》市にある佐倉公園の入口は車が並んでいた。花見といったら佐倉公園だから仕方がない。車を降りると、晴明は急いで公園の広場に向かった。工務店を定年退職してしばらく経つが、普段から体を鍛えているので、足取りも軽い。セッティングは毎年のことなので慣れたものだ。

「あかり教会の役員の皆様、準備はいいですか？　では、桜の開花と三千世界のますますの発展を祝って、かんぱーい！」

乾杯の挨拶はいつも短い。堅苦しいことは苦手だ。

「榎ちゃーん、そこの日本酒取ってー」

小一時間も飲むと、すっかり出来上がってくる。

「はい、お注ぎしますよ、道場長。そういえば、例の女の子って来ました？」

「え、女の子？　何、何？」

紀伊《きい》結実《ゆいみ》が割り込んできた。結実は、いい歳だがオカルト好きで、何でもすぐに信じてしまうし、作り話のような話が多く危なっかしいところがある。なのになぜか、お筆の音読はＡＩ並みに上手い。酒が進んで、結構出来上がってるようだ。

「なんか道場長が、こないだ参拝に来た女の子に一目惚れしたらしいんですよ」

隣に座っていた妻がギッとこちらを睨んだ。

「おいおい！　誤解されるような言い方はやめてくれ」

まったく、榎本の奴。酔いが覚めるじゃないか。

「いや、国之日津久神社に参拝に来たところをたまたま見かけたんだけど、拍《かしわ》手《で》の音が何というか、すごい澄み切ってたんだよ。あんな綺麗な音、初めて聞いたな」

「拍《かしわ》手《で》って人によって違いますし、良い音出すのって難しいですよね。僕は苦手です。でもそれだけのことでですか？」

水谷恒道《みずたにつねみち》がパンパンと叩きながら言った。恒道は役員になったばかりで、まだ三十代半ばと役員の中では一番若い。性格は若い時の自分に似て、素直で良い奴だ。何より、イケメンで女性にモテるところがよく似てる。

「それに、立っている時の雰囲気というか、オーラが他の人とは全然違ったんだ。エネルギーが溢れていて、どんな障害でも乗り越えていきそうな。いったい何者だったんだろう」

「残念ながら声掛けられなかったんですよね？　道場長なら、そんな若い女の子がいたら迷わず声掛けますもんね」

「だから榎ちゃん！　言い方、気をつけような。掛けようと思ったら、地震が来てさ。ほら、大きな地震あったじゃない。震度四だっけ？　そのドタバタで気づいたらもういなかった」

「ぜひ会ってみたいなあ。もしまた見つけたら僕を呼んでくださいね」

榎本だけは絶対呼ばん、と言おうとしたところで、ふと、十メートルほど先にいる花見グループが目に留まった。

「お前のそういうところが嫌いなんだよ！」

「もうやだ！　私帰ります」

「二人とも落ち着いてください」

どうやら言い争いが始まったらしい。こんな田舎の公園で、喧嘩するほど酒飲む奴もめずらしいな。でも最近は、すぐキレる人間が多いから……と思ったところで、固まった。二人を仲裁しようとしてる子がいるが、もしかしてあの時の女の子じゃないか？　これは榎本に確認させる必要があるな。

「榎ちゃん、あそこ見てみな。あの揉めてる所。二人の間に立ってる女の子、榎ちゃんが見たがってた例の女の子だよ」

「え！　ほんとですか？　へー、あの子が」

「ちょっと、声掛けて呼んできてよ」

「いやいやいや。無理でしょ、この状況で」

「榎ちゃんならいける！　酒を差し入れて場を和ませるんだ。あの子も、きっと榎ちゃんに感謝するぞ」

＊＊＊

つい道場長の口車に乗ってしまったが、どうするか。大和は、とりあえず近くへ行って、タイミングを見計らうことにした。

「誰だ、お前は」

かなり酔っ払っていそうな男が、例の女の子に詰め寄っている。周りの人間は、知らん顔してるのもひどいもんだ。でも、それもそのはず。結構、ゴツい体格の男だ。

それなのに、女の子は物怖《ものお》じすることもなく、元気に名乗った。

「私ですか？　最近入ったバイトの春日です！　どうぞよろしく」

「何だ、バイトの新人か。バイトは引っ込んでろ！」

そう怒鳴ると、春日という女の子の肩を軽く突き飛ばした。女の子は、そんなことをものともせず、より一層大きな声で応えた。

「バイトだ何だって、小さいこと気にするなあ！　それにこのお花見は、私の歓迎会も兼ねてやってもらってるんですから。ほらほら、楽しく飲まなきゃ、せっかく咲いた桜だってかわいそうじゃない」

「うるせえ、どけ！　お前なんか歓迎せん！」

今度はちょっと強めに突き飛ばした。ように見えたが、あれ？

「うおっ！　いでででで！」

男の方がいきなり土下座？　何が起こったんだ？　何かの技をかけられてるようにも見えるけど。

「さっきの自己紹介で言い忘れてましたけど、私、合気道三段なので、酔っ払いの相手ぐらいならできますよ。でも普段は乱暴なんてしないので、仲良くしてくださいねっ」

うん、こんなことされて仲良くする奴、見たことないけどな。けしかけた酔っ払いは、すっかり意気消沈してしまっている。

この女、道場長の言うとおり只者ではない。尋常じゃない勢いを感じるぞ。どうするかな。道場長をチラッと見る。行けっ！　行けっ！　って全力でジェスチャーしてるよ、あの人。仕方ない、ちょっと稽古つけてもらうとするか。お筆にある『笑ってくる赤子の無邪気は打たれん』作戦で平和的に行こう。晴明と違ってひょろっとした体格の大和は、満面の笑みを浮かべて開花に歩み寄った。

しかし、大和の思惑は外れ、開花は酔っ払いの手を離し、こっちを向いて構え直した。ダメだ、完全にロックオンされたぞ。

「待ってください！　私、榎本と申します。何やら揉めてたので助けようと来たんですが、全く無用の心配でしたね。よかったら三人の仲直りにこのお酒を使ってください。『やちよ桜』です」

「え、いいんですか？　ありがとうございます！　私、日本酒大好きなんですよ。へー、『やちよ桜』ですか、いい名前ですね」

切り替え早いな、この女。いきなり土下座は免れたようだ。

「隣の八千代市で造ってる地酒ですよ。ところで、合気道やってるなら、大本《おおもと》教はご存じですか？」

「大本教……。名前を知ってるぐらいかなあ。合気道の開祖が入信していたことがあったとか。もしかして大本教の方？」

「いえ、その流れを汲んでいるといわれている『一二三《ひふみ》』という書物を読んでいる者で、『あかり教会』と申します」

「あー。宗教の勧誘なら間に合ってます。せっかくですけど、このお酒も返しますね」

「先日、麻多真神社を参拝されましたよね。その時、本部道場長が春日さんをお見掛けして、拍手《かしわで》の音にすごく感銘を受けたそうです。実は、たますぐそこで花見をしていたので声を掛けました。とりあえず名刺をお渡ししておきますね。よかったらまた参拝にお越しください」

「はあ」

大和は半ば強引に名刺を渡し、引き上げた。

「あ、お酒！」

後ろで開花の声が聞こえたが、返してもらう気はないので、そのままみんなの所に戻った。反応はいまいち良くなかったが、縁があればまた会うこともあるだろう。

＊＊＊

んー、今日もやっちまったな。開花は軽い溜息《ためいき》をついた。すぐ体が動いちゃう癖は直さないとダメね。でもまあ、『やちよ桜』のおかげで何とかなったからいっか。

ポケットから名刺を出す。あの榎本さんって人、本部道場長補佐なんだ。最初はただの変態かと思ったけど、悪い人ではなさそうだった。でも、宗教やってる人はみんないい人っていうからな。たとえ悪質な宗教であったとしても。

名刺を裏返すと、『一二三』というものの冒頭部分が書いてあった。

『富士は晴れたり、日本晴れ。神の国の、まことの神の力を現す世となれる』か。なかなかカッコいいじゃない。ちょっとだけスマートグラスで調べてみるか。

ネットのトップページにニュースが表示された。あ、またミサイル飛んできてたのね。

「三日目を迎えた串国《せんこく》と霜国《そうこく》による合同軍事演習において、巡航ミサイル五発が発射され、日本の排他的経済水域（ＥＥＺ）内に落下しました。新型の極々超音速ミサイルとみられています。これを受けて、一月に就任したばかりの宮本総理は、強い怒りを示し、軍事力強化とそのための更なる憲法改正を急ぎ進めなければならないと発言しました」

ミサイルなんてゴミを海に撒き散らしてどうすんだ、まったく。政治家なんてみんな気取ってて好きじゃないけど、新しい総理には頑張ってもらわなきゃね。

おっと、『一二三』について聞くんだった。

へー、ずいぶん昔に書かれたものだったのね。もうすぐ百年経つじゃない。『日月神示《ひつきしんじ》』とも呼ばれてるのか。書いた本人でも読めなかったものを仲間達と解読していったなんて、面白い。麻多真神社って、確か私が参拝に行った神社だ。あの行列作ってた人達って、きっとこれ読んでる人なんだろうな。

天明さんの体験は私と似てるとこがあるし、『神の仕組』ってどこかで聞いた気がするのよね。それにこの口調……。うーん、思い出せないけど、なぜかすごく読まなきゃいけない気がする。でも、AIによる分析は、評価が分かれてるのか。まあいい、物は試しだ。ちょっとだけ読んでみよう。

開花は、三か月ぶりに麻多真神社の前に立っていた。『一二三』を読み始めたらつい夢中になり、成田に留まって三回も読んでしまったのだ。

今回は歩きで来たが、駐車場に見覚えのあるものがあった。私の自転車だ！　ずっと野ざらしだったように汚れている。あれえ、場所勘違いしてた？

思わぬ再会に喜びつつ、スマートグラスで、名刺に書かれた住所を調べてみると、大杉よりちょっと奥の方に道場はあるらしい。参拝を済ませてそこへ向かうと、アパートぐらいの大きさの二階建ての建物があった。植木の手入れをしているおじさんがいたので声を掛けてみた。

「こんにちはー！　あかり教会の方ですか？」

「はい、こんにちは。そうですが……あっ！」

と言いながら振り向いたこの人、前に神社で大勢に説明してた人だ。おじさんは、開花の顔を見て何か驚いた様子だった。

「私は本部道場長の若宮と申します。よかったら、どうぞこちらへ」

そう言うと、機嫌よく中へ案内してくれた。この人が本部道場長だったのね。

「綺麗な道場ですね。できたばっかりですか？」

「ピカピカとまではいきませんが、まだできて十年ですよ。地元のおばあちゃんが、お筆のためにと土地を提供してくれました。建物は、私達信者が自分で建てたんですよ。これでも私、前は大工をしていたので」

「えー、すごい！　木の香りがとっても良いですね。あ、そうだ。私、春日と申します。榎本さんは、いらっしゃいますか？」

「申し訳ありません、榎本は今日、不在なんです。仕事している人が多いので、平日は人少ないんですよ」

行列に並ぶのは嫌なので、休みが取れた平日に来たのだけれど、失敗した。

「そっか、皆さん、お仕事されてますよね。花見の時はお酒ありがとうございました。これ、私がバイトしてる農業の会社で採れた野菜です。よかったら皆さんでどうぞ」

「えー、ありがとう。美味しそうなキュウリですね。かえって申し訳ないな」

「あのあと、『一二三』を読んでみたんですけど、すごい本ですね！　これは確かに、神様にしか書けない内容だって思いました」

「それは良かった。きっとご縁があるのでしょう」

時間があるならと、道場長が中を案内してくれることになった。聞くと、この教会や道場は、神社とは直接の関係はないようだ。それに、教会といっても、宗教法人ではないらしい。本部道場とは名ばかりで、他に支部道場があったりするわけではなく、登録している信者の数も百人程度だという。お筆を読んでいる人はもっともっとたくさんいるが、教会などに属さない考えの人や他の宗教も信仰している人が多いとのことだ。

道場では主に、礼拝や筆の解説、音読などをしているようだけど、ちょうど一人の女性が音読をしている最中だった。

「紀伊さん、お疲れ様。お客様と一緒にちょっと見させてもらってるよ」

道場長が声を掛けた。

「あら、その子」

ここでは開花は、ちょっとした有名人みたいだ。その女性はまくしたてるように続けた。

「本部道場へようこそ。ここは、ブラックホール星人による多重結界が張ってあるから、安心して身魂《みたま》磨き、身魂掃除ができるわよ。いつでも来てね」

「ブラックホール星人？」

開花は思わず聞き返した。

「そう。太陽系の一番外側にブラックホールの惑星があって、そこには人類より進んだ文明の宇宙人がいるの。黒い龍の姿をしているわ。ちなみに私はブラックホール星人と地球人のハーフよ」

いや、生命の適応力がすごいっていってもさすがにブラックホールに生き物は無理でしょ！　もしかして、この人ちょっと中二病入ってる？　まさか右腕に黒い龍とかいないよね。

「それに、もしものときは、私の右腕に宿りし黒き・で守《かみ》ってあげるわ」

いや、それただのホクロ！

「すみません、道場長。私、ちょっと……いや、全然意味が分からなかったんですが」

「大丈夫！　私も全く分からないから。何を信じるかは人それぞれってことで、皆の信じたい気持ちを尊重してるんだよ。否定するとすんごく怒るしさ」

道場長が笑いながら言った。大らかでよいという気もするが、無責任という気もするなあ。

結実が再びしゃべりだした。

「道場長に聞いてもダメよ。ブラックホール星人とテレパシーで話せるのは私しかいないから。そうだ、私、会計担当の紀伊です。よろしくね」

こんなヤバい奴に会計やらせるってどんな人選だよ、あかり教会！

おっと、あぶない、あぶない。びっくりして思わず暴言吐くとこだったわ。

「春日です。こちらこそ、よろしくお願いします」

で終わらせるつもりだったのに、自然と口から続きの言葉が出てしまった。止《と》めようとしたけど、止められない。

「何を信じるかは因縁があるとしても、役員なら、もっとしっかりしてくださ い。筆をこういう人達のおもちゃにしたら、神様に申し訳ないですよ」

道場長が言ったとおり、結実が茹でダコのようになって怒っている。当然だ。

「ちょっと！　なんなのあなた、失礼ね！　そんなに言うなら、よっぽど読み込んでるのかしら。私より上手に読めたら、許してあげるわ。さあ、読んで！」

「まあまあ、紀伊さん。そんなの無理だよ。紀伊さんは役員の中でも一番上手いんだから」

道場長が止めに入ってくれたが、この女の人の怒りは収まらない。ううむ。なんでこうなってしまったのか分からないけど、もう、成り行き上やるしかないな。

「はい、いいですよ。読みますね」

二人が身を乗り出して私を見つめる。歌はよく歌ってるし、何とかなるか。よし、いくぞ。大事なのは、神様の言葉を届けることだ。覚悟を決めたら、腹に力が湧いてきた。その勢いのまま読み始める。

「富士は晴れたり日本晴れ！　神の国の、まことの神の力を現す世となれる。仏もキリストも何もかも、はっきり助けて七難しい御苦労のない世が来るから、身魂を不断に磨いて一筋のまことを通してくれよ。今一苦労あるがこの苦労は、身魂を磨いておらぬと越せぬ、この世始まって二度とない苦労である！」

まるで何かが乗りうつったように、スラスラと、でも力強く読めた。いや、読んだというより、しゃべったという感じだ。

「おおー、すごい！　これはすごい！　紀伊さんも上手なもんだけど、これはまた全然違う。神様の声みたいだ」

道場長が拍手をしてくれた。紀伊さんという女性もびっくりして、感動したように涙を流している。

とりあえず、ほっとした。まったく、冷や汗かいたわ。あ、忘れてたけど、東へ行けって、ここでいいのかな。

その日の夜、久しぶりに頭の中に声が響いた。


――　御苦労であったぞ。世界のために頑張ってくれよ　――

よっしゃー、合ってた！　それと、お筆の口調はこの声だったのか。でも、手間を掛けてまで私をここへ呼んで、いったいどういうつもりだろう。

ふと、目の前にとんでもない景色が一瞬見えた。

今見えたの、まさかこれから起こるわけじゃないよね。さすがの開花も不安がよぎったが、たとえそうだとしても、きっと変えることができるはずだと自分に言い聞かせた。

＊＊＊

晴明は、国之日津久神社への参拝を済ませ、道場へ向かった。

太陽がアスファルトをジリジリと照りつける。再生可能エネルギーの比率が四分の三を超えたのはこの太陽光のおかげでもあるんだけど、それにしてもクッソ暑い。年々暑くなってきてるんじゃないか？

建物に入るなり、冷蔵庫から麦茶を出して一気に飲む。はー、生き返るな。

そういえば最近、台所が綺麗だし、何よりトイレがすごく綺麗だ。トイレを見てみると、さっき掃除したばかりといったようにピカピカになっている。トイレって、祓戸大神《はらえどのおおかみ》様の象徴みたいなものだからな。

道場では、開花が一人でお筆を音読していた。相変わらず、心に響く読みだ。この読みが聞きたくて道場に通い始めた者もいる。読みが当たったな、読みだけに。

「開花さん、おはよう。今日はバイトお休みなのかな」

「道場長、おはようございます！　先に入らせてもらってました」

「外は大変な暑さだよ。印旛沼で泳ぎたいぐらいだ」

「やだー、沼で泳ぐんですか？」

「そんなこと言って。確かにカミツキガメとかいるけど、飲料水としても使われてる水なんだぞ。それに、ずっと昔は海だったしね」

「えー！　海」

「そうだよ。香取海《かとりのうみ》といって、太平洋に繋がる湾だったんだ。茨城県にある霞ヶ浦って知ってるかな？　日本で二番目に大きな湖だ。湖なのに何で『浦』っていうかというと、香取海《かとりのうみ》の入江だったからなんだよ」

「さすが道場長！　詳しいですね」

やった、久しぶりに尊敬の目を向けられたような気がするぞ。

「ついでに言うと、隣の香取市にある香取神宮と茨城県の鹿島神宮は、香取海の入口を守る重要だった場所に鎮座しているんだ。大和朝廷が東国を開拓する時の拠点にしていたといわれている。だから、両神宮とも、宮中の四方拝《しほうはい》で遥拝《ようはい》されるなど、皇室からの崇敬が深いんだよ。もしかしたらこの場所も、昔は何かあったのかもしれないね」

お、もっと聞きたいって顔してるな。よしよし。でもな、残念だけど知ってることはこれで全部だ。これ以上は何も出ない。質問されないうちに、急いで話題を変えるとしよう。

「ところで、他に誰か来てる？」

「いえ、まだ私だけですよ」

「ということは、掃除してくれたのは開花さんかな。いつも掃除してくれてありがとう」

「そんな、大したことじゃないですよ。祖母がすごく掃除がまめな人だったんで、私も習慣になってるんですよね。何もしないでじっとしてたってしょうがないし」

「いや、大したもんだよ。掃除って、なんか苦手なんだよな」

「身魂を掃除する道場の道場長なのに、掃除が苦手なんて、ダメじゃないですかー。掃除って、いろんなことが学べて楽しいですよ」

「う、うーん。そうだよね」

尊敬されてる時間、短かったなあ。

「例えば祝詞に、知らず知らずに犯した罪、穢れ、過ちを祓い清めてもらう部分があるじゃないですか。自分の部屋を掃除してると、いつの間にかあっちこっち汚しちゃってるのがよく分かるんですけど、実生活でもそういうことが起きちゃってるってことなんだろうな、とか」

「いやー、若いのに偉い。そこまで考えて掃除したことないよ。どんなことでも、自分で気づくって大事だからね。お筆にも『破れるは内《うち》からぞ。外《そと》からはビクともいたさんぞ』ってあるからなあ。無理やりさせるとか、人に言われたからしょうがなく直すとかじゃあ、本当の改心なんてできない」

晴明は感心していた。そして、あることを思いついた。

「ねえ、開花さん。教宣担当やってみない？」

「教宣担当？」

開花が初耳だという顔をして私を見る。うん、今思いついたんだから、そうだよね。

「新しく作る担当なんだけど、その名のとおり、教えたり、宣伝したりする人。そのうちに、機関紙とか出してくれるとありがたいかな」

「やめてくださいよー。私まだ新入りですよ。つい偉そうに語っちゃったけど」

「そう言わずに。そうだな、最初はお筆を読んでもらうだけでもいいから」

「そんなので教宣担当なんて名乗っちゃっていいんですか？」

「いいんだ。お手本を見せることだって大事なことだよ。開花さんの読みは、私が保証する。昔の職人は、弟子に親切に教えたりしなかったから、技を盗んで覚えるしかなかった。でも、そうやって観察して研究して、失敗しながら試行錯誤することによってしっかり身についたし、自分自身の成長に合わせて技を吸収することができたんだ。教えてもらうことも悪くはないけど、手取り足取り教えてもらうだけじゃ、なかなか自分のものにはならない。掃除と同じで、自分で気づくことが大事なんだって、みんなには私から説明しておく。ＡＩの助手をつけておけば、大抵のことはフォローしてくれるしね」

「まあ、そういうことなら……」

「それに、君は、神様に導かれてここへ来たんだろう？」

ちょっと格好つけてみた。

「えっ!? そうなんです！　実は『東へ行け』っていう声が聞こえて、ここへ辿り着いたんですよ。誰にも話してないのに、何で知ってるんですか？」

ええっ？　そうだったの？

「あ、ああ……。私ぐらいになるとだな、雰囲気で分かるんだよ。ははははは！」

「道場長もだったんですね！　私もそういう時あるんですよ。でも私は、全然役に立たない時ばっかかですけど」

「うん……そうか。私も同じだ」

驚いた。確かに普段でも、言葉を交わしてないのに何となく伝わることはあるけど。神様の声が聞こえたって、ほんとなのかな？　でも、紀伊と違って、この子は本当っぽい気がする。紀伊には絶対言えないけど。

そして、それはやはり本当だったようだ。お筆には、『荒れの巻』など、天明先生達でも正しく解読できなかったと思われる難解な箇所がいくつかある。ある日、開花はそこをスラスラと訳して読んだ。なぜか自然に読めたらしい。訳した内容は、お筆の他《た》の部分と比べて遜色なく、前後の文脈にも違和感はない。言葉づかいも、正《まさ》に日津久神様そのものといった感じの口調だ。それだけではない。発表されていたが書記されていなかった、残りの十三巻を神懸りして書き始めたのだ。

解読を進めながら、ついにお筆が完成するぞと、信者達は色めき立った。

さらに、教宣担当になって一年ちょっとたった十月十日。開花は、皆の前で神懸りした状態で、『いろは』の口述を始めた。

＊＊＊

大和は、事務作業に追われながらも、大勢の信者達を感慨深く眺めていた。

『一二三』は、神界・幽界・現界や時系列を整理しないままに神の仕組を書いたものであるが、『いろは』は、仕組を物語の脚本のように説いたものだとされた。大本教でいうところの『霊界物語』にあたるものだ。以前、同じようなものを創作で書いた人もいたが、今度は創作ではなく神様によって降ろされた。

『一二三』の完成と『いろは』のことがＳＮＳで広がると、あかり教会の信者が爆発的に増えたため、宗教法人化することになった。あかり教会の場合は、信者になったからといって、信者以外の人と特段何か変わるわけではないのだが。

信者からの要望と寄附により、念願の支部道場が七か所にできた。開花は、教宣部部長となり全国を飛び回って、もうすぐ大峠が来る、今すぐ改心して身魂磨きをしないと間に合わないと説いている。

さらに、メタバース内を中心にして『世界の民草の会』を作った。この会には、日本人だけでなく外国人も多く所属した。外国の宗教は、基本的に排他的だ。それは対立を招くことを承知の上で、民族の違いを出すためにあえて神様がされたことだろう。絵の具を全部混ぜて灰色一色にしてしまったら、何の絵も描けなくなる。日本のように、何でも受け入れる国は、世界に一つだけあればよい。ついに、その国を中心にして世界が一つにまとまる時期が近づいていると、外国人も感じているのかもしれない。

開花によれば、神様は難《なん》を与えることで人間を磨こうとしている。例えば書類が散乱した机を綺麗にさせようと思ったら、神懸ってお茶をこぼさせ、慌てて片づけさせるというようなやり方だ。だから難は避《さ》けられない。けど神の世への準備を進めて、できるだけ小さな難で済むようにするのが、あかり教会の役目だという。ちょっと意地が悪い神様のような気もするが。

役員は皆、目が回るほど忙しくなった。信者の管理も追いつかないほどだ。本部道場にも多くの信者が集まり、音読の声が響く。

大和は、信者が増えて嬉しい反面、複雑なところもあった。開花ばかりが注目されるのが面白くない。そんな小さい自分を思い知らされるのも面白くない。

気分転換で散歩に出かけようとしたら、結実が四歳になる孫の研磨《けんま》を連れて道場にやってきた。息子夫婦だけで出かけるときなどに預けられるらしい。

「よく来たな、研磨！　そこに研磨の好きな桑の実がたくさんなってるぞ」

「やったー、桑の実！　教えてくれてありがたやー。どこどこ？」

「まったく、変な言い回しが気に入っちゃって。気をつけるのよ」

結実が温かい目で見守りながら言った。研磨はここがお気に入りらしく、裏庭を駆けずり回っている。

「ねえ、紀伊さん。ここだけの話、『いろは』って本物なのかな？　道場長が勝手に教宣担当にしてしまうから、開花が調子に乗ってでっちあげたとか」

ほかに誰もいないのを確認して、それとなく結実に鎌をかけてみた。内容的には、確かに人智を超えた高尚なものを感じるし、大和が筆記役を務めた時も、神懸った開花に独特の存在感を感じたのだが。

「ちょっと、こんな所でそんな話……」

結実が周囲を見渡して続けた。

「開花ちゃんはそんなことしないわよ。教宣担当にするのを相談しなかったこと、まだ根に持ってるの？　私は、初めて話した時すごく失礼な子だと思ったけど、開花ちゃんの読みを聞いてからは大ファンよ。開花ちゃんにハッキリと言ってもらえたおかげで、目が覚めたしね。だから教宣担当になると聞いた時は嬉しかった」

頭ではよく分かっている。きっと、自分と自分との和合がまだできていないのだな、自分は。

「うん、そうだね。開花のおかげで世間でのお筆の知名度も格段に上がったしな。お筆を分かる臣民が二、三分《ぶ》できたらとどめを刺すってあるけど、この間、日本人の三人に一人がお筆を読んだことがあるとニュースで言っていたよ。お筆を称賛するようなネット記事もよく見かけるようになった。ときどき、的外れな煽《あお》り記事があるのは腹が立つけど。マスコミは悪い意味でほんとに適当だよな。わざと変な記事を書くよう学習させたＡＩを使って書いてるんじゃないかとさえ思うよ。今のところ目立った問題になっていないからいいものを」

大和は、世の中がすさんでいる原因の一つにマスコミの情報操作があると考えていたので、マスコミのことが元々好きではなかった。例えば、虚栄心を煽って、身の丈を越えて消費させる。国も国民も借金して物を買うのが当たり前になり、借金を返すために働かされる。そこには余裕などなく、人の心はギスギスし、見せかけの幸福感だけが残る。

大和の愚痴をよそに、結実が興奮気味に言った。

「そうよ！　新型コロナも新型インフルエンザも、第三次世界大戦になるかと思った局地戦争だって乗り越えたし、みんなが身魂磨きを始めて、神の世はもうすぐってところまで来たんじゃないかしら。もしかしたら、もう実現してるのかもよ」

「どうだろう。既得権を持った世界の有力者が、簡単に権利を手放すとは思えないけどな。パンデミックや災害や戦争程度では揺るがないよ。僕は、緩やかに大峠を迎えることは、残念ながらないと思うね」

開花は、神の世が実現する時期については、聞いても何も答えてくれない。知っているか知らないかについてさえ、答えない。だがお筆に、百年続けて嘘は言わないとあることから、近々結果は分かるだろう。

大峠とは、どんなものだろうか。いざ来るとなると、大和は内心少し怖気《おじけ》づいていた。来てほしくないような、でも来てもらわなければならないような。虫歯になって、歯医者に行きたがらない子供と、歯医者に連れ出そうとする親が、せめぎ合っているような感じだ。

お筆の知名度が上がるのと連動するように、世界はキナ臭さを増していた。

今は、串国が軍事力・経済力ともに、麦国《ばくこく》を凌ぐ力をつけているのは間違いない。隣国で起きた戦争でそれが証明された。

悪の三大将である邪鬼、金毛《きんもう》、大蛇《おろち》は、それぞれ串国、麦国、霜国のことだという自説を教会内で説く者もいる。

さすがの日本の危機意識も高まり、二度目の憲法改正が決まった。一度目では自衛隊が『軍』となって正式に国家の組織として位置づけられたが、二度目では徴兵制度が明文化された。具体的なことはこれから決まるようだが、大和も恒道もいずれ徴兵されてしまうかもしれない。

兵器としても、小型の自爆ドローンを多数搭載できる、ドローン潜水艦を建造したそうだ。まだ一隻しかできていないが、十二隻造る計画だという。

大和は、緊張が高まり武力化が進む世界を、とてもではないが神の世などと呼ぶ気はしなかった。

だけど、希望もある。今の総理は、腐敗した政治を払拭するため、大政奉還を公約に掲げ、国民から絶大な人気を集めている。天皇は、言わずと知れた世界に誇るエンペラーであり、人々からの崇敬も篤い。それならば、御自身《おんみずから》、政《まつりごと》あそばされるのがよいという主張だ。

また、総理は積極的に政治にＡＩを活用しているが、選挙制度については、ＡＩで良い評価がされていないことも、理由の一つのようだ。大和も、政治家のスキャンダルには、いい加減うんざりしている。

そんな中でも、この総理はどこか魅力があるカリスマ的人間だ。語り口に人を惹《ひ》きつけるものがあり、本当に実現してくれるのではないかと期待してしまう。当然、邪魔をする政治家も多いが、邪魔されればされるほど、総理の人気が上がっている。もしかしたら、彼が神の世になるための重要な役割をしてくれるのかもしれない。

＊＊＊

宮本時宜《みやもとときよし》は心の中でつぶやいていた。総理の仕事とは、全く面倒なものばかりだ。しかし、正直なところ、まさか自分がこんなに真面目に総理を務めるとは思ってもいなかったな。

時宜は、前例にとらわれない、思い切った政策を進めてきただけあって、眉間のしわが深く、意思の強い目をしている。だが瞳の奥に何か秘めたものがあり、人気とは裏腹に、心を打ち解けられる友達はできたことがない。

「宮本総理、防衛大臣がいらっしゃいました」

秘書官が声をかけてきた。

「ああ、通してくれ」

時宜は、ここのところ毎日のように防衛大臣と話をしている。

「よく来てくれた。さっそくだが、昨日まとまったという結果を教えてくれ」

「はい。自律型ドローン潜水艦『ずいほう』の性能は、おおむね設計どおりで問題ありませんでした」

「そうか、よくやった。ミサイルやロボット兵士に関しては後れを取っているが、この潜水艦では世界初の技術を詰め込んだからな」

前々からあった計画だが、時宜が総理になってから、一気に進んだ。

静粛性が高い全固体原子炉を積み、スクリューとウォータージェットのハイブリッド推進を採用している。無人のため居住空間が不要で、長期間の運航も問題ない。潜航中も、中継機と人工衛星を使って、命令を与えることが可能だ。

主力兵装は、既にイージス艦などでは配備済みの自律型自爆ドローン『アルバトロス』、二千五百機だ。一機ごとの弾薬量は少ないが、そこは数で補う。羽ばたかずに飛び続けるアホウドリと同じく、ダイナミックソアリングという飛行方法で蛇行しながら海面スレスレを滑空していく。外見もアホウドリを模して作られているため、映像識別でも発見が難しい。速度は遅いものの中距離弾道ミサイルに匹敵する有効射程を持ち、実験では最大三千八百キロを飛行した。さらに、敵艦の五キロ手前で着水して艦底起爆魚雷に切り替わり、船の竜骨《りゅうこつ》を破壊し、撃沈する。さしずめ、静かに忍び寄る暗殺集団といったところか。

この潜水艦一隻で、複数の空母打撃群をやすやすと壊滅させることができるはずだ。いざとなれば、沿岸部になら敵国へ攻撃を仕掛けることもできる。

しかし、当然ながら、これだけでは串国や霜国からの侵攻を防ぐことはできない。最近、串国が訓練でやたら飛ばしている新型の極々超音速ミサイルは、日本の防衛システムでは迎撃がほぼ不可能だし、串国の第二世代自律型ロボット兵士は、麦国以上の性能で、量産化して実戦配備できる段階まで来ているという。あんなものに上陸されたら、たまったもんじゃない。

いずれにしろ、抑止のためには、どうしたって核兵器が必要だ。だが、それは同時に、相手に日本を攻撃する理由を与えることにもなりかねない。だから歴代の総理も、必要性を感じながら二の足を踏んできた。まあ、あえて配備しないという選択肢もありではあるが。

「では、次のステップをどうするかだな」

「核兵器の開発ですか？　一部の国民の反対はあるでしょうが、この状況です。大多数は賛成すると考えますが……」

自分と同じように外国の出方を気にしているのだろう。徴兵制やドローン潜水艦程度でも大騒ぎした連中なのだから。

防衛大臣が続けた。

「最近、気がかりなのは、あかり教会とかいう団体です」

「あかり教会？　ああ、最近騒がれているあれか。名前ぐらいしか知らないが、票田にでも使えそうなのか？」

「総理がよくご存じないのは当然です。ちょっと前までは、ほぼ無名でしたから。十年ほど前から信者がじわじわ増えて、ここ何か月かで激増しました。神《しん》道《とう》を基本とする新興宗教で、日本が世界の中心であり日本人こそ神の臣民であるという選民思想をかかげて、外国が日本に攻めてくるとか、世界の人口を三分の一にするとか言っている連中です」

「カルト宗教か。危険なにおいがするな」

「ええ。国家転覆や大量虐殺・ジェノサイドを企んでいると危険視する人間もいます。このタイミングで勢力をつけてくるとは、やっかいな奴らです。日本が武力強化しなければならず、そして大政奉還へと舵《かじ》を切ろうとしているこのタイミングで。他国に、日本は危ないから攻撃してくれと宣伝しているようなものだというのに」

「重要な情報をありがとう。調べさせておくよ」

本当に重要な情報だ。なかなか面白そうな団体ではないか。いよいよ、秘めていた夢が実現する時がきたのかもしれない。チャンスが来るのをじっと待っていた甲斐があったというものだな。

防衛大臣が心配したとおり、あかり教会は更に力をつけ、外国にまで影響範囲を拡大していった。元々、外国の信者もそれなりの数がいたらしいのだが。しかしこれは、あかり教会に外国のスパイが紛れていて、あえて過激なことを実行していたとしても、不思議な話ではないな。

案の定、串国と霜国があかり教会に対して文句を言ってきた。それだけではない、麦国まで不快感を示している。

さて、よい頃合いだ。スマートグラスで、麦国の大統領と話してみるか。

「御無沙汰してますね、マーティン大統領」

「ええ。連絡をもらえてうれしいわ、宮本総理」

マーティン大統領は、麦国で二人目の女性大統領である。いつもどおりの気さくな声音だ。

「あかり教会のことでお話がしたくて」

「ああ、日本にはときどきカルト宗教が生まれるからね。きちんと対応してくれると信じているけど、気をつけた方がいいわよ」

「御忠告ありがとう。でも大丈夫ですよ。私もあかり教会の信者なので」

「ごめんなさい、翻訳アプリの調子が悪いみたい。もう一度言ってくれる？　総理のあなたがあかり教会の信者だと聞こえたのだけど」

「アプリは壊れてませんよ。聞こえたとおりです。日本こそが神の国であり、日本人こそ神の臣民なのですよ。今まで散々、日本を属国扱いしてくれたが、もう十分だ。日本は、核を手にして、世界を支配する」

「何言ってるの、正気？　私にそんな口を利いて、ただでは済まないわよ！　一日だけ猶予をくれてやる。頭を冷やして連絡してきなさい」

かなり興奮した様子で一方的に通話を切られた。もちろん連絡などする気はない。

内閣官房長官に告げた。

「関係大臣を集めてくれ。核兵器を開発し、装備する意思を発表するぞ」

記者会見は二時間に及んだ。防衛上答えられないもの以外は、答えたつもりだ。

発表を受け支持率は急上昇した。マスコミもこぞって時宜のことを称賛した。予想以上に評価されているようだ。これなら国会も通るに違いない。

問題は、諸外国の動向だ。

早速、串国と霜国、そして麦国が猛抗議をしてきた。マスコミは、なぜ麦国まで抗議しているのか、あれこれいい加減な理屈を考えて説明しているようだが。これらの国は、今後、間違いなく経済制裁なり輸出入規制なりをしかけてくるだろう。

それより、核を手にするまでの無防備な時間を、果たして乗り越えられるかどうか。核兵器と、それを載せるミサイルの開発が必要だ。串国や麦国の自律型都市防衛システムを突破するには、極々超音速巡航ミサイルでないと難しいだろう。いや、潜水艦からの飽和攻撃であれば、今ある極超音速巡航ミサイルでもなんとかなるかもな。あるいは、アルバトロスに載せることができる超小型核弾頭を開発するか。いずれにしろ、実戦で使えるだけの核を開発するには、半年程度はかかる見込みだ。その間は、核攻撃を受けても、日本からの効果的な反撃はできない。麦国も頼ることはできなくなった。いや、串国が相手だった場合は、元々頼ることなどできなかったのだが。

串国も霜国も、日本が核兵器を手にしてしまったら、もう二度と日本への侵攻ができなくなると考えていることだろう。このラストチャンスを見逃すだろうか。

しかし、水素などの輸入が難しくなったものの、幸いにしてどこの国からもすぐに攻撃されるようなことはなかった。さすがにそこまでの無茶苦茶はしてこないか。それとも、水面下で準備を進めているのか。まあいい、その間にこちらも徴兵を進め、さらにもう一押しさせてもらうとしよう。

時宜は、憲法を改正し、大政奉還することを決意した。

急ぎ行われた国民投票の結果は、賛成多数となり、大政奉還という大転換が行われた。が、実際には今までの政治家が居座り、実態はほとんど変わりがないものとなってしまった。

時宜は政治の舞台から降りていたが、歴史からこの事態をあらかじめ想定しており、事前に準備をしておいた。皇族や、ＡＩが選んだ人物などによる新政府を立ち上げ、天皇による王政復古の大号令を発することとした。世間は、にわかに沸き立った。ついに再び天皇が本格的に日本の政治を司ることとなったのだ。

しかし、現実はそう甘くない。串国、霜国、それから麦国を含むＮＯＴＡ加盟国が、串霜《せんそう》ＮＯ同盟を結んで、日本に対して宣戦布告してきた。そして、間もなく霜国による北海道への攻撃が始まった。

宣戦布告の理由はこうだ。

『日本は核兵器を開発しジェノサイドを目論んでいる。それは、日本の元総理が、ジェノサイドを企んでいるあかり教会信者であり、日本を天皇の支配へと戻したことから明らかだ。全世界の平和を守るために、この危険を排除しなければならない』と。

時宜は、やっと動き出したか、悪いが自分はあかり教会信者などではないがなと笑った。ついでに言うと、お前らの同盟の名前は、やってることと真逆なんだよ。

まあ、実際のところ、こんな理由はただのこじつけに過ぎない。結局こいつらは、単に日本の領土が欲しいのだろう。さて、お手並み拝見といこうか。

＊＊＊

霜国大統領のイワノフは、小太りな体をゆったりとソファーに沈め、一人ニヤニヤとしていた。

日本のマスコミとあかり教会にスパイを送り込み、プロパガンダしてきたのが功を奏したな。嘘か本当か知らんが、まさか宮本元総理まであかり教会信者で、マーティン大統領に喧嘩を売って麦国をその気にさせてくれたのは嬉しい誤算だ。怒らせると一番怖いのは、マーティン大統領のようなタイプだというのを、宮本元総理は知らないのだな。

日本には各所に麦国軍基地があり、日本を攻撃する上で最大のネックだったのだが、この誤算により麦国と組むことができた。もう、怖いものは何もない。日本に対し友好的な国は多いが、我々串霜NO同盟国が相手では、手も足も出せない。せいぜい国民がデモで騒ぐぐらいが関の山だ。

今まで我々霜国は、太平洋に出ていくにあたり、日本という蓋が邪魔をしてずっと不自由な思いをしてきた。やっと、念願の地を手に入れることができる。だが、それだけが攻撃の理由ではない。日本が造ったという新型潜水艦は、射程数千キロという自爆ドローンを数千機も搭載できるというではないか。我が国の首都、ノスタワへの攻撃だって可能かもしれない。もし、この自爆ドローンに核を載せられたら、大変なことになる。日本が既に核兵器を持っている可能性については、時間をかけて確認させていたが、本当にまだ持っていないようだが。

日本は危険だ。絶対に今のうちに叩き潰しておかなければならない。場合によっては皆殺しにしてもいい。天皇が出てきて求心力を増し暴走したら、手がつけられなくなるぞ。

さて、急ぎ呼びつけた国防大臣が到着したようだ。時間がない。すぐ本題に入るとしよう。

「御苦労。早速だが、戦術を教えよ」

「はい、イワノフ大統領。串国のＡＩが作成したものをベースに同盟国内でまだ調整しているところではありますが、まずサイバー攻撃を開始したのち、ミサイル等による同時飽和攻撃で大ダメージを負わせて日本を降伏させます。そうして安全を確保してから上陸支配するという方向でまとまりそうです。理由としては、日本の空軍は強力で制空権を取るのは非常に難しいこと、そして、日本の海軍は更に強力であり麦国軍が日本のイージスシステムを無効化したとしても上陸作戦はリスクが高いと判断されるためです。なお、串国と麦国は、ロボット兵士を一部の地域で実戦投入して、データを収集するようです」

「なるほど。我々もロボット兵士の開発は急がねばならんな。ところで、もちろん最初の爆撃は、我が国が行うのだろうな？」

「はい。まずは、先陣を切って北海道にある日本の宇宙軍基地、空軍基地、海軍基地、レーダーサイト、イージス艦を叩きます。接岸中の潜水艦があれば、これも確実に沈めます。この作戦は、極超音速巡航ミサイルと極超音速滑空体による同時飽和攻撃で実行します。その後、麦国と串国がキラー衛星を使って日本の人工衛星を破壊し、それぞれの攻撃に移行していくとのことです」

「ふむ。極超音速兵器を使うのはもったいないな。あとで使う場面が来るかもしれん。通常ミサイルの飽和攻撃でよい。ただし弾頭は小型核だ。それなら一発でも当たればいいんだからいけるだろう」

「初めから核ですか。さすがにそれは……。いえ、承知いたしました。御許可いただければ、同時に発電所、エネルギー製造施設・貯留施設も攻撃いたしますが。こちらは、通常弾頭の弾道ミサイル、巡航ミサイルで十分かと。位置情報は既に麦国から入手しております」

「いいだろう。許可する。核兵器を作られたらやっかいだから、原発は潰しておかないとな。水源としての価値は下がるかもしれんが、仕方ない。日本が降伏するまでは、民間施設も含めて攻撃対象をドンドン拡大していいぞ。ところで、日本には麦国軍の基地があるが、どうするんだ？」

「東日本では、一旦日本から退避するようですが、基地内への他国の立入りは禁止されます。西日本の麦国軍は、そのまま西日本の攻撃に使うようです」

「そうか。西日本はＮＯＴＡ加盟国が、北海道を除く東日本は串国が攻撃し支配するという割り当てだからな。そして、北海道は我々霜国だ。おっと、関東は特別に西日本側に含めるんだったか。東京を欲しがる串国を説得するのに苦労したよ。兎《と》に角《かく》、宮本のおかげで今、日本側につく国はない。報復を恐れる必要が全くない気楽な戦争だ。ただし、日本が既に核兵器を持っている可能性はゼロではない。念のため警戒しておくように」

我が霜国の攻撃後、息つく間もなく、串国、NOTA加盟国による追撃が始まった。

日本軍の基地、イージス艦、空母は、ミサイルによりほぼ壊滅した。

残る脅威は潜水艦だが、串国がおびただしい数のドローン艦隊で日本を囲み、本土を攻撃させることとなった。日本は、地対艦ミサイルや新型ドローンで反撃してくるだろうが、それでは足りず、潜水艦も使って本土を守るしかなくなるはずだ。ドローン艦隊に攻撃を向けさせることにより、潜水艦を日本近海に釘づけにし兵装を使い切らせる。日本の潜水艦を沈めることはできないだろうが、無力化することはできるという作戦だ。新型潜水艦も兵装が空っぽなら怖くはない。万が一、新型潜水艦や極超音速巡航ミサイルを載せた潜水艦がこちらの都市を攻撃してきても、核でなければ致命的なダメージにはならない。

その間、地上への波状攻撃を続ければ、反撃能力の乏しい日本はすぐに限界が来る。

果たして、開戦からわずか三週間ほどで日本は降伏した。核兵器は持っていなかったし、第二次世界大戦の時のような狂気も感じられなかった。国民性が変化したのかもしれないが、このあまりにも一方的な戦いを続けても意味がないことは、頭の良い日本人なら誰でも分かる話だ。

まずは傀儡《かいらい》政権を作り、皇族、元総理、軍上層部、あかり教会役員を拘束して、ジェノサイドを企んでいたことを認めさせる手筈となっている。最終的には、国際刑事裁判所により処罰が科されることとなる。

それと並行して、八万以上あるとされる神社を、徹底的に破壊する。あかり教会が崇めていたということもあるが、国教ともいえる神道は、日本の強みになっていたと考えられるからだ。今度こそ、再度立ち上がれないほど日本を弱体化させ、永久に我々のものとするのだ。

神社の破壊は、開始から一か月以上経った現在も続いている。

この指揮は、それぞれの地域を割り当てられた国が行っていたが、串国軍が徐々に、麦国の割り当てとなっている関東地方まで侵出し、時に麦国軍と戦闘が始まることもあった。

そろそろか。

予想どおり、串国の李《り》国家主席から協力要請があった。分厚い胸板で今にもはちきれそうなスーツを着た神経質そうな男の話を、スマートグラス越しに聞く。

「忙しいところすまんな、イワノフ大統領。ちょっと相談なんだが。同盟を組むにあたり、日本に基地を持っていた麦国に配慮すべきだという君の提案を受け入れて、関東をNOTA加盟国に譲ることにした。この案自体は素晴らしいと思うのだが、関東は元々、東日本だろう。それに、ドローン艦隊を囮として供出して日本の潜水艦を無効化し、我々同盟国がほぼ無傷で勝利を収めることに最も貢献したのは、我が串国だ。その戦果に応じて割り当てを見直すのは当然だと考えるが、どうだね？」

「確かにその考えは一理あるな。で、どうするつもりだい？　李主席」

「関東を我が国の割り当てにするよう、これからNOTA加盟国と交渉する。

何かあったときは、串国に協力してくれるよな？」

「ああ、もちろんだとも」

串国であれば、必ず東京を取りにいくと読んでいた。当然だが交渉は決裂した。串霜NO同盟は破棄され、関東を奪い合う紛争が始まった。見る見るうちに戦闘は激化し、国家同士の戦争へと発展した。第三次世界大戦の幕開けだ。互いの国に小型核兵器が大量に飛び交う。日本への攻撃がかわいく見えるほどだ。さらに、自律型ロボット車両やロボット兵士なども次々投入された。

この間、日本において大規模な自然災害が発生したため、戦争で余力のない各国は、災害まみれの日本を放置し撤退した。皇族を拘束したことに対する日本内外の不満も高まっていたので、タイミング的にもちょうどよかった。我々が日本を攻撃したことの正当性など、あとからどうにでもできる。

今のところ我が国の戦争による被害は、串国やNOTA加盟国に比べはるかに小さい。霜国など大した力はないと最初から相手にされなかったことにより、攻撃が少なかったのだろう。舐めてくれていることに感謝する。

串国と麦国、双方が消耗し共倒れしてくれればよし。おそらく串国になるだろうが、どちらかが勝者になったら、勝った方の首都を我が軍による攻撃で壊滅させ、ついに我が霜国が世界の覇者となるのだ。

そのために、串国に最大限協力している振りをしつつ、実際には力を温存しているのだよ。

串国が優勢な状態が続き、NOTA加盟国の負けが徐々に鮮明になってきた。追い詰められた麦国は、高高度で核を爆発させる電磁パルス攻撃を串国に仕掛けた。

串国は、国内全域での大規模な停電、電子機器の損壊、電子データ消失などが起き大混乱となった。さすがの串国も、電磁パルス攻撃への備えは、軍事的な要衝《ようしょう》だけしかできていなかったようだ。

串国の被害だけで済むのなら、何の問題もない。だが麦国は、我が霜国にまでも電磁パルス攻撃を仕掛けてきたのだ。そして、串国と同じ運命を辿らされることとなった。

冗談じゃない！　これから本格的な冬がやってくるというのに、原始時代に戻ってこの冬を越せというのか。なんてことをしてくれたんだ、マーティンの野郎。

串国は当然、NOTA加盟国に対して同じ攻撃で報復した。さらに串国は、混乱に乗じた他国からの侵略を恐れてか、この戦争に無関係な国に対してまでも電磁パルス攻撃をしかけた。そもそも日本を攻撃したことに関しては他国からの批判が多かったので、救済を求めてもおそらくは無駄であり、それならいっそ不安要素を潰しておこうと判断したのだろう。

どの国のトップも、人類滅亡という言葉が頭をかすめたはずで、悔しい思いをしながらも、これ以上戦争を続ける者はいなかった。

世界中が混乱、疲弊したこの状況において、これだけの電磁パルス攻撃から復旧するための期間は、まともに生活できるようになるだけでも十年はくだらないだろう。

ほぼすべての電子機器がゴミと化した今、この世界の大混乱を正確に把握している者など、誰一人いまい。ただ、有史以来、人類が体験したことのない、とんでもなく危機的な状況に陥っていることだけは、間違いない事実だ。

＊＊＊

時宜は血の味を噛みしめながら、ふと思った。この拷問施設に閉じ込められてから、何日ぐらい経つのだろうか。一週間ぐらいまでは数えていたはずだが、途中からもうどうでもよくなった。体中が痛い。朦朧《もうろう》とする意識の中で、昔のことを思い出していた。

政治家の家に生まれ、親の勝手な都合で、将来、政治家になるべく厳しく育てられた。自分で言うのも何だが、成績は優秀な方だった。なぜなら、学校のテストで少しでも間違えると親に蹴り飛ばされ、クドクドと説教されるからだった。友達と外で遊ぶことも許されなかった。ある時、クラスの女の子に対していじめが始まり、注意したら逆にいじめの標的にされた。先生も誰も助けてくれないし、ましてや親に助けてもらうなんて絶対に嫌だった。楽しいことは何もない。いつしか、自分のことばかり考える人間が集まった、日本という国を憎むようになっていた。

中でも政治家は、一番嫌いな人種だ。表ではいつも偉そうなことを言って良い恰好をして、裏ではいかに自分が凄いことをしたように見せられるかだけを考えている。力のある有権者の機嫌を伺い、大した知識もないくせに官僚を罵《ば》倒《とう》して動かしている。お前ら私利私欲ばかり求めて、本気で日本のことなど考えてないだろう。こんな低俗な人間など、消えてなくなれと思っていた。時宜が大政奉還を推し進めた原動力も、ここにあったのだ。

時宜は、更に密かな夢を持っていた。それは、日本そのものに復讐することだった。その夢ができてから、辛いことも我慢できるようになった。まずは、夢を実現するための権力を手に入れなければならないと考えた。そのために利用できるものは何でも利用し、どんな手でも使い、必死になって総理にまで伸し上がった。

あかり教会がジェノサイドを企んでいるという話を聞いた時は、鳥肌が立った。これを利用しない手はない。思惑どおり串霜NO同盟国から宣戦布告されて、小躍りしたよ。

日本人など滅びてしまえ。いや、人類など滅びてしまった方が、地球のためにどれだけ好ましいことか。

いっそのこと地球の生命が滅びたって構わない。どうせ生きているものは皆死ぬんだ。一度に死ぬか、バラバラに死ぬかの違いだけだ。地球上の生物がいつかはすべて絶滅するのであれば、そして死んだ後に何も残らないのであれば、それをちょっと早めたところで、いったい何が悪いというのだ。

しかし、こんな狂った人間を総理にするなど、日本という国もずいぶん狂っているなと時宜は笑った。

時宜は麦国に捕らえられると、串霜NO同盟国の筋書きどおり、天皇がジェノサイドを目論んでいたと、あっさり嘘をついた。

これで拷問されることはないかと思っていたが、関係なく拷問が始まった。

歯が数本と、肋骨も数本折れた。全身を殴られ、電気ショック、水責めもやられた。拘束されている他の人間も、大体同じようなことをされているのだろうか。

もしかしたら、マーティンの指示かもしれないな。

また拷問が始まるのか、革靴の音が近づいてきた。だが、いつもとは雰囲気が違う。出ろと言われた。ついに殺されるのだろうか？

しかし、全く逆だった。意外なことに解放されたのだ。

なんだ、こんなことがあるのか？　よほど特別な何かが起こったのだろうか。

そういえば、首都直下地震としか思えないような、とんでもなく巨大な地震があった。日本強靭化プロジェクトを進めていたから、最低限の電気、水は確保できているようだが、もしかしてこの災害が関係しているのかもしれない。

＊＊＊

あらかじめ分かっていたこととはいえ、開花は、やるせない思いでいた。

神の世にするためには、一度、乱れた世にする必要がある。合気道でも、相手を引いて崩したいときは、軽く押してから引くと崩しやすい。つまり、戦争が始まるということは、神様の仕組どおりに世の中が動き出したということだ。開戦の日にちも、神様に教えてもらったとおりだった。ついに来たかと、開花は決意を新たにした。

戦争が始まるや否《いな》や、マスコミと世間は、掌を返したようにあかり教会を批判し始め、糾弾した。あかり教会はジェノサイドを企むカルト宗教であるとされ、戦争の原因はあかり教会であるとされた。

あかり教会がジェノサイドを企んでいたなどというのは、もちろんでっち上げだ。でも、世間はそんなことは知りようもない。あかり教会の信者は、『北から来るぞ』というお筆の予言が当たったと言って最初は喜んでいたが、まさか自分達が責められるとは思ってもいなかった人が多く、信者の数が激減した。お筆と似たような神示を崇める人達も、ぱったり影を潜めた。

三日続けて本部道場の窓ガラスを割られる被害があり、道場に来るのは危険だということで、それぞれの自宅に御神体や礼拝の道具などを持ち帰ることになった。

皆で道場に集まり、それぞれが段ボール箱にせっせと詰める。作業の目途が立った頃、晴明が皆に声を掛けた。

「それじゃ、ちょっと行ってくる」

「どこか行かれるんですか?」

開花が尋ねた。

「ああ、東京支部が心配でね。ちょっと見てこようかと思って」

なぜか嫌な予感がする。

「今、東京ってすごく危ないみたいですよ。八所《はちところ》、十所《とところ》の息、ちゃんと合ってます?」

八所、十所の息が合っていれば事故などの災難に遭わないと、お筆にある。

「うん、合ってる、合ってる」

ほんとかなー。

「核兵器まで使われたって聞きました。放射線の被害だってあるでしょ。やっぱり、やめた方がいいですよ」

「大丈夫だよ。お筆にもあるだろ？　『生かす臣民、どこにいても生かさななら ん』って」

「でも、神様が道場長のことを生かす臣民として見てるかどうか、分からないじゃないですか」

「ちょっとー！　仮にも、いや仮じゃなくて、私は正式な本部道場長なんだよ。生かす臣民に決まってるじゃないか」

「いいえ！　そうとは限りません！」

「酷いな、開花ちゃん。分かったよ。東京支部に行くのはやめておく」

開花はほっとした。本当に行くのをやめてくれたと思っていた。

だけどそれは、開花を安心させるための嘘だった。

道場長は東京支部に行く途中、爆撃に遭い亡くなった。殺しても死なないような道場長が。

開花は、涙で香取海《かとりのうみ》ができるほど泣いた。そして、救うことができなかった無力感に打ちひしがれた。もの凄く後悔したが、同時に神様に対する強い怒りが湧いてきた。

どうしてだ！　何で道場長を守ってくれなかったんだ！　確かに適当すぎるところがあるし、油断していたかもしれないけど、あんなにいい人だったのに。

神様に怒りをぶつけるなんて不遜だと思いつつも、それを止められなかった。口には出せないような過激なことも考えた。打ち消そうと思ったけど、それはやめた。これも大事な自分の一面だ、受け入れてあげなければ。拒絶し否定したら、自分のその一面がかわいそうだ。そう考えたら、少し気持ちが軽くなった。

開花は、自分の心の中の悪を許すと、心の中すべてが悪に飲み込まれてしまうような恐怖を感じていた。でも、どんなに頑張っても心のすべてを善にすることができないように、心のすべてが悪に染まることもまたあり得ないのだなと思った。

自分でさえ未来が見える時があるのだから神様が先の先まで見通しているというのは間違いないはず、道場長のことはきっと神様の御計画に違いないと、涙を飲んで受け入れることにした。善人だから生き残る、悪人だから死ぬというような、単純なことではないのだろう。そもそも、人間が考える善悪と、神様が考える善悪は、全然違うものだとお筆にあるのだが。

本部道場長の役職は、開花が継ぐこととなった。もしものことがあったときはそうするよう、大和が託されていたという。

強気に振る舞ってたけど、もしものことがあるかもって思ってたんだな。よし、いつまでも後悔してたってどうせ過去は変えられない。神様はいつでも最善の世を生み続けていることを信じて、潔く前を向いて行くだけだ。

開花が本部道場長になって間もなく、日本の敗戦が決定した。日本が戦争をする期間は、お筆より短くなったように思う。もしかしたら大難を小難にできているのかもしれない。

しかし、あかり教会の役員は新政府に拘束され、そこから毎日、拷問の日々が続いた。拷問は禁止されているはずなのに。

死人に口なしで、当時道場長だった晴明が宮本総理とジェノサイドを企み、天皇陛下へ上奏したということにされた。あかり教会が力をつけてきていたとはいえ、そんな畏れ多いこと、できるわけがない。

こうして晴明が泥を被ることによって、もしかしたらあかり教会役員への拷問は、比較的軽いもので済んでいるのかもしれない。

開花達は警察署の地下に作られた拷問施設に閉じ込められていたが、神様がときどき、外の様子を開花だけに見せていた。何者かが見たであろうことがイメージとして、でも普通に目で見るのと変わらない感じで見えた。人間の視点の時もあれば、明らかに違う視点の時もある。

全国のありとあらゆる神社を、串霜NO同盟国軍が破壊し続けていた。

やがて、同盟国同士が東京の取り合いから仲間割れし、主な戦場は世界へと移っていった。愚かなことだ。

日本は、主に麦国が串国と霜国を攻撃する際の要所として使われていた。串国と霜国による麦国軍への攻撃のため、日本も爆撃の的となった。

その日本に観測史上最大、といってもしょっちゅう更新されているのだけれど、超大型台風が三つ連続して襲来した。台風の発生時期は年々遅れる傾向にあった。

二つ目の台風が過ぎて間もなく、いつか来るといわれていた、連動型巨大地震である東海・東南海・南海地震が発生した。

台風による気圧の変化が地殻に影響を与え、直後に大地震が発生することがあると聞いたことがあるので、もしかしたらそうだったのかもしれない。

連動型巨大地震に続き、首都直下地震も発生した。警察署は堅牢で、幸い開花達は無事だった。

これらの地震で、沿岸部は津波が飲み込み、建物は倒壊した。火災、土砂崩れなども含め、発生した被害は、甚大という言葉では収まらないほど酷いものとなった。

神様に強制的に見せられていたが、人々の悲鳴が響くその光景は、目を覆いたくなる惨状だった。拷問を受けている方がまだましだと思えた。

そんな中に三つ目の台風が来たのだ。

さらに、地震が誘発したのだろうか、それとも台風による大雨が誘発したのだろうか、異常な隆起が続いていた小笠原の硫黄島が噴火し、島の大半が吹き飛んだ。

そして、ついに富士山が噴火した。

溶岩が近隣の地を焼き尽くし、噴石が町を破壊した。南東の風だったため、火山灰は山梨・長野方面を中心に降り、東京へ降った灰は比較的少なかったが、それでも東京のすべての送電網、通信網、交通網は完全に麻痺した。

富士山の噴火に触発されて、宮城県と山形県にまたがる蔵王山が噴火、さらに噴火は北へ進み、北海道ニセコ連峰イワオヌプリも噴火した。

日本へ侵略した各国は、戦争に加え、これらの災害の対処に手いっぱいになり、逃げるように日本から出ていった。日本は見捨てられた格好だ。

傀儡政権も、皇族を拘束していたことへの国民の反抗で、各国軍が出ていったあと、あっという間に瓦解《がかい》した。敵国への復讐に燃える日本人もいたが、多くは自然災害と同じように受け入れ、生き残ることに全力を注いでいた。金持ちの中には、今がチャンスとばかりに自前の船でさっさと海外へ亡命する人もいた。

解放された皇族が再度、政権に戻り、災害復旧に尽力した。自助と共助でこの災害を乗り切ろうと、戦前よりも国民の結びつきは強くなっていた。命がけの災害救助で大切なのは、情による繋がりだったりするが、日本はここに強みがあった。

開花達も解放されることとなった。とはいえ、成田市までは、何日かかけて歩いて帰るしかない。

結実は、孫の研磨の無事をいつも祈っていた。やっと会えるのを楽しみにしている。それを楽しみに、苦しい拷問を耐え抜いたと笑っていた。だが、結実の息子家族は、あかり教会を敵視する人によって家を放火され焼死した。結実には、まだそれを伝えることができていない。知ったら、発狂するほど悲しむに違いないから。

麻多真神社も本部道場も、真っ先に麦国軍に破壊されていた。開花達は少しの間療養してから、道場の近くに残っていた信者の家に国之日津久神様を祭り、そこを拠点にして周辺で救助活動を行った。最初は門前払いされていたが、徐々に受け入れてもらえるようになった。開花は、多くの信者がいた過去に決別し、毎日生まれ変わったつもりで働いた。

結実は、しばらく自宅に引きこもっていたが、やがて顔を出すようになった。

「大丈夫？　紀伊さん」

開花が心配して尋ねた。

「ありがとう、開花ちゃん。忙しく動いている方が気が紛れるから」

そのまま、作業をしながら独り言のように結実が話を続けた。

「放火した人は、今頃どうしてるのかな。お筆には、憎むなってあるけど、どうしても憎しみが湧いてきちゃう」

「うん。私も交通事故で両親を亡くしたんで、少しだけ分かります。居眠り運転の車が突っ込んできたんですけど、運転手は休みなく働かされてたんだって。ある意味、その運転手も被害者みたいなものですよね」

許すという行為は口で言うほど簡単なことではない。間違いが大きくなればなるほど、許すことは難しくなる。大事なものを失った時の怒りと憎しみは、失ったものへの愛情の大きさに比例するのだから。人は怒りや憎しみに支配されると、許した先には何もない、許すことはただの負けだと思いがちだ。でも実際は全く逆で、許した先にだけ、本当の喜びがある。神様は、成長のためには失敗や犠牲が必要不可欠であることを知っている。そして、失敗や犠牲が大きければ大きいほど、大きく成長することも。

「そうだったんだ。開花ちゃんも苦労して乗り越えたのね。私も頑張らなくちゃ。お筆には、牢屋なんて要らないって書いてあるじゃない？　みんなが仲良くする世の中になるのかな。そして、私みたいな思いをする人がいなくなる世の中になってほしい」

「なる！　きっとなりますよ。そのために私達がいるんだもの」

こんな時でも、世界では国を挙げての殺人、戦争が相変わらず続いている。電磁パルス攻撃という、粒子線による攻撃が、人類史上初めて実戦で使われた。

日本も影響を受け、電力は停止し、わずかに復旧していた電子機器が壊れてしまった。当然、スマートグラスもただのガラクタとなった。

ある意味、これはこれでよかったのかもしれない。このまま文明が進んでいたら、本当に機械が人類を滅ぼすことだってあり得たと思うからだ。

でも、その文明のおかげで、どれだけ便利な生活を送れていたかもよく分かった。

最初は火が手に入らず、生《なま》の食べ物を口にせざるを得ない人も多くいた。開花は、自宅にあったキャンプ用のメタルマッチを見つけ火を起こせたが、もし火が手に入らないままだったら、おそらくは凍え死んでいただろう。特に開花は寒さが苦手なので、火のありがたさが身に染みた。実際、都心部ではライターと木材が奪い合いになり、世界では億を超える数の人が凍死した。

厳しい冬を乗り越え、ようやく春が訪れようとする頃、眩しい閃光を見た人がいた。

その光は、隕石群だった。人類が文明を失った今、予期した者はいなかった。ただし、そう多くはないが、世界には開花のように神様によって知らされた人間もいるようだったが。

一番大きな隕石は、東京ドームよりずっと大きい。幸い、落ちた場所は海だった。

太平洋に落下し大量の海水を巻き上げたが、意外にも、衝突とその衝撃波で発生した津波は、大したものではなかった。被害をもたらしたのは、津波ではなく水蒸気だった。

蒸発した高温の水蒸気は地球を覆い、一時、気温は上がったが、やがてその水蒸気は雨となって世界各地に長雨又は豪雪を引き起こした。中には、三か月以上、毎日雨が降り続いた国もあった。

長雨で緩んだ斜面は容赦なく崩れ、都市は水没し、世界各地で深刻な災害が発生した。そして、あらゆる作物がほぼ全滅した。最近の異常気象とは次元が違うものだった。

海底にまで到達した隕石は、別の災害も呼び寄せた。衝突時の衝撃により、世界規模での地震と噴火が発生したのだ。

麦国のイエローウッド火山、霜国のゴーチャッカ火山、そして串国の近くにある世界最大の超巨大火山、バードウイング湖が相次いで破局噴火を起こし、溶岩や火山灰を撒き散らした。

そして、飢餓と疫病を始め、あらゆる災厄が降り注ぎ、強奪、強姦、殺人がいたる所で起きていた。

世界は地獄と化した。神はこの世にいないと誰もが思った。日本人だけでなく、世界中のあらゆる人々が、そう思った。ごく一部の人間を除く誰もが。

かつて開花が、初めて道場を訪れた日に見た未来の姿は、残念ながら変えることはできなかった。

「あー、腹減った。たまにはまともな物が食べたい」

一緒に食料を探しに来た恒道が、疲労困憊《こんぱい》した様子でつぶやいた。

「本当……、もうお腹と背中がくっつき過ぎて辛い。でも、きっとこれも大事な試練だから、頑張りましょ」

開花は、世界の惨状のすべてを見て、ここまで来たからには何が何でも神様の仕組をやりきらなければならないと、固く心に決めていた。

「道場長が一番食べてないのに、すみません。神様は、すべてを分かった上で大丈夫と言ってるんですもんね。でも正直、一瞬で死ねた人のことをうらやましく思う時がありますよ」

保存していた食べ物は、近隣で分け合って、もうすぐ底をつきそうだ。だけど、お返しで何かをいただけることが多く、それがとてもありがたかった。

この辺りは比較的農地が多く、農家をしている信者もいたため、蓄えていた食べ物を分けてもらったりもした。開花が成田へ来たばかりの頃、花見で採めたおじさんも、食べ物を分けてくれた一人だ。都心と比べたら、ずいぶんと食べ物には恵まれている。井戸が残っていたのも救いだった。

成田へ戻ってから、すぐに人力で火山灰を退かして作物を作り始めたが、まだまともに収穫はできていない。隕石による世界規模の噴火と長雨で、無事育ってくれるかさえも分からない。

「ところで前から気になってたんですけど、道場長って野草採るの手馴れてますよね」

「話してなかったでしたっけ？　私、高千穂から成田に来るまで自転車であちこち旅しながらキャンプしてたんだけど、山とか河原とかでね、食べられる野草をよく現地調達してたの。それ以来、野草にはまっちゃって、ちょくちょく採って食べてたんだ」

「へー、そうなんですか。道場長とキャンプ行けたら楽しいだろうなー」

恒道が感心したように頷いた。と思ったら、

「ヤッホー、ヤッホー、木霊は返るよ♪」

突然、恒道が歌い出した。開花がよく歌ってた歌だ。みんな驚いた。

「こんな時は気持ちが大事です。みんなで歌いましょ。お筆にも『歌、歌いくれよ』ってありますから」

「え、あれってそっちの歌？　神様を讃える和歌を詠み上げなさいってことだと思ってた」

素朴にツッコんでみた。

「え、え？　そうなの？」

恒道が恥ずかしそうに顔を赤くして笑った。開花達も釣られて笑った。

「まあ、そんなのどっちでもいっか。水谷さんの言うとおり、歌って元気出そ！」

「そうですよー。間違いなんて誰にでもあるんですからね。そう、神様にだって。いや、神様にあるから人間にもあるのかな？」

「うん、何回も間違えながら成長する。最善の道を歩むってそういうことで、神様と同じのはずなのよね」

開花は心の中でつぶやいた。ありがとう、水谷さん。明るい気持ちにさせてくれて。

開花達は、それから一か月近く、まともに食べ物を食べていなかった。野草はほとんど食べつくし、木の根なども食べていた。高齢な人や病弱な人は、衰弱して次々亡くなっていく。

花見の一件で助けたのをきっかけに開花と友達になった女の子が、最後に甘い果物が食べたいと言ったので、何とか見つけた桑の実を持って戻ったが、既に冷たくなっていた。開花は遺体をそっと抱きしめ、静かに涙を流した。

皆、穴を掘る体力もなくなってきて、いつからか、埋葬は諦めることにしていた。毎日、信者何人かで食べ物を探し歩いているが、あるのは死体ばかりだ。

しばらく経つと、新しい死体を見かけなくなった。死んでいる人はいるはずなのに。おそらく、飢えをしのぐため死体に手を出す人がいるのだろう。

やがて、人を襲って食べる集団がいるという情報が流れてきた。実際、開花自身も、背筋が凍るような殺気を感じて声をかけたが、逃げられたことが何度かある。皆、追い詰められて本性が出てきたのだろう。でも、それでいい。メッキではなく、地金《じがね》を磨いてこその身魂磨きだ。

いよいよこの世の終わりの様相になってきて、今までの行動を神様に謝罪する人達が増えてきた。開花達と一緒になって、皆、一生懸命に祈り、自らを捧げて助け合った。和歌も作って詠み上げた。兎に角、少しでも神様のお役に立つため、お筆に書いてあることを頑張って実践しよう。

その頃から開花と役員達は、出かける前から食べられる野草や実などがある場所が分かるようになった。皆でそれを集めてきて神様に献上した。神様に献上された物は、誰でも好きなだけ持っていってよいとして、皆にタダで配った。役員達は、自分達にも不思議な力が目覚めたことに興奮し、神様に感謝した。

作物も収穫が始まった。これで何とか冬を越えることができるだろう。採れた物は、神様に供えてから分けられた。

最初は獣のように奪い合っていた人も、少しずつ人の心を取り戻していった。いや、神様の心に近づいていったという感じだ。

「今度こそ本当に神の世になるはずよ。いや、なってほしい。これまで、全部お筆に書かれたとおりになってきたんだもの」

結実が、神様に祈りながら切実に言った。

「確かに神の世に近づいているかもしれない。でも、こんなことをしても、この周辺だけのことで、とても世界の混乱は収められない」

と大和が嘆いた。

確かにそのとおりだ。

全国のあかり教会の信者や、世界の民草の会の信者だけでなく、世界中のいろいろな宗教の信者が、いや宗教によらない人達も含めて、たくさんの人が神の世にするためにきっと努力しているはずだ。だとしても、この広い世界に対して、あまりにも情報が少なく、訴える手段が少ない。

どうしたら世界を救えるのだろう。

その時、神様の声が聞こえた。今度の声は、開花だけに聞こえたのではないようだ。

――いよいよの時が来た。仕上げにかかるぞ――

人類、いや生き物すべてが一時的に金縛りになり、強制的に大我《たいが》に溶け込まされた。神様はこの時期を見計らっていたのだ。

動けるようになった時、人々は、言葉も使わず、会うこともなく、心が通じ合うようになっていた。無意識にでも知りたいと思った相手のことは、イメージとして知ることができるようになった。程度の差はあるが、相手がペットや野生動物であっても分かるようになった。

知られたくないことも、相手が知りたいと思えば知られてしまう。隠していた過去も感情も、筒抜けに伝わってしまうのだ。

このことによって、一部で落ち着きを見せるかに思えた世界が、再び混乱した。

上流階級、支配者層、富裕層にいた人の多くが、酷い襲撃に遭った。どこに隠れても居場所がバレて、今までの考えなどを知った人々が怒りを何倍にもして晴らそうと押し寄せるのだ。どこの国でも同じようなことが起きて、滅茶苦茶にされていた。自業自得といえば、それまでだが。

今までは他人や自分を騙しても、それを隠して振る舞うことができた。だが今は、そんな仮面を被ることはできない。誰もが強制的に正直に生きさせられた。そして、正直な心を受け入れる世界への変化を迫られた。

その中で、あかり教会の役員達は、水を得た魚のように生き生きと活動していた。これまでの困難で、既に我《が》がほとんどなくなっていたからだ。むしろ、心が通じ合う分、いつも以上にスムーズにやりたいことができた。さあ、ここから一気に巻き返していくぞと、張り切っている。周囲の人々は、これこそ生き神様だと驚きをもって崇めた。そして、あかり教会を求めて多くの人々が集まるようになった。

「私を呼んでいる人がいるので行ってくる」

まだ世界の混乱が落ち着く気配もない頃、突然、開花が皆に言った。

皆も、誰が開花を呼んでいるのかを知っている。

「僕が一緒に行きます」

開花と恒道は、印旛沼のほとりに向かって歩き出した。

＊＊＊

恒道は、昔の綺麗だった印旛沼を思い出していた。戦後は、田んぼだった所が水没して、戦前より少し大きな沼になっていた。火山灰によって沼の水は酸性になったため、カミツキガメだけでなくあらゆる生き物はいなくなった。

恒道は、沼の近くに、一人の男性の人影を見つけた。元総理の時宜だ。戦前の面影はほとんどない。

国の指導者としてあれだけのことをした人が、よく今まで生き延びられたな。

そしてよくここまで辿り着けたものだ。この近辺は、神様の心に近づいた人が多くいる。だから襲われなかったのかもしれない。あるいは、神様の守護があったのだろうか。

時宜には独特の雰囲気があった。人肉を食べて生き延びてきた人の雰囲気が。人肉を食べた人間とそうでない人間は、今では誰にでもすぐ見分けがつく。心が通じ合うといっても、それだけで、他の手段をすべて賄えるわけではなかった。言ってみれば、言葉、表情、身振り手振りなどのコミュニケーション手段に、新しい手段が一つ追加されたような感じだ。今までも勘が働き何となく分かる時があったのが、よりはっきりといつでも分かるようになったと言ってもよい。

そういえば、昔よく結実がチャネリングだ、テレパシーだと話していたことを恒道は思い出した。あの頃はこんなことになるとは思ってもいなかったな。さすがにブラックホール星人は出てきてないけど。

ここに来る途中に開花に教えてもらったのだが、半霊半物の世界に移行するというのは、霊と物との結びつきが強くなることにより、霊の世界と物質の世界において、お互いの法則が溶け合ったように感じるということのようだ。他人や霊の考え、過去や未来のことも、その身魂の程度に合わせて分かるようになってくるという。今までも、眠っている時は、そういった力が少しだけ働いていたらしい。

なるほど。イメージを読み取るだけでなく、言葉でも説明してもらうとより分かりやすい。教えてもらったことを頭の中で整理していたら、時宜の方から開花に声を掛けてきた。

「はじめまして、春日道場長。知ってると思うが、私が宮本だ。よく来てくれた。呼び出して悪かったな」

恒道は開花からその場で待つよう言われた。開花のことが心配だが、開花は譲る気配を見せなかったので、仕方なく従った。

開花は、時宜のもとに歩み寄りながらにこやかに言った。

「いいんですよ。私が住んでいる所からは、ほんのすぐそばですから。元総理の方こそ、こんな遠くまで大変だったでしょう」

「元総理などと呼ぶのはやめてくれ。もうそんな肩書きなど意味ないのは分かってるだろう」

「そうですね。私も道場長などという肩書は不要ですよ」

「そうか、分かった。だが、あかり教会の肩書は特別なことぐらい、私にだって分かるがな」

時宜が続けて言った。

「あかり教会の代表である君と話がしたくてね。私があかり教会の信者だと嘘をついたところから、このハルマゲドンが始まった。私はいわば悪の元凶だ」

時宜が、半分自虐的に言った。

「宮本さんは嘘をついてはいませんよ。世界中の人々は皆、お筆の信者なのですから。それに、これは神様が御計画されていたことなので、気に病むことも後悔する必要もありません」

「ははは。別に気に病んでなどいないし、全く後悔などもしていない」

恒道は、時宜が嘘をついているのがすぐ分かった。嘘がバレてもいいから強気でいたいのかな。

「そうでしたか。なら、私の勘違いですね」

開花は、時宜の言葉を否定することはしなかった。

「以前、調べさせてもらったんだが、君は合気道三段なんだってな」

「はい、そうです。でも、三段といっても、実際のところは大したことはありませんよ」

開花が左右に手を振りながら答えた。

時宜は何かを隠し持っている。包丁だ。ここへ来る前から開花も当然知っているし、あかり教会の皆も知っていた。だけど、時宜が二人で話をしたがっていると言って、開花は一人で行こうとしていた。皆で説得し、一人だけ同行することを認めさせ、体格のよい恒道が来ることになったのだ。

ここへ着く少し前、一時《いっとき》、時宜から恐ろしいほどのドス黒い感情が流れてきた。

開花と会ってからはその感情は抑えられていたのだが、突然、それが実行に移された。時宜が鬼の形相で開花に突進していった。恒道は、ぎょっとした。こんな急に来るなんて。これはヤバい。自分は全然間に合わないし、開花だって防ぎきれないんじゃないか？

＊＊＊

時宜は、麦国軍から解放されてから、茨城県の親戚を頼って生きてきた。拷問で体力を失い、ろくに食べ物もなく、死を覚悟した。

ある日突然、大勢の思いが心に飛び込んできた。その中に、あかり教会の開花の思いもあった。その思いにもっと早く触れることができていたら、もしかしたら違った今があったかもしれないと思った。死ぬ前に、一度でいいから開花という人物と話がしてみたくなった。

実際会ってみると、思った以上に面白そうな奴だ。初めて会うとはいえ、俺との間にまるで何事もなかったかのように接してくる。もっと話してみたい気もするが。

元々は考えていなかったことだが、開花を待っている間、包丁を眺めていたら、思いついたことがあった。その包丁は、初めは護身用として持っていたものだが、今では護身のためではなく使っているものだ。

日本にも人類にも復讐できたが、そういえばそもそもの原因を作ったこの世界の最高責任者には、まだ復讐していなかったな。開花に会ったところで、今さらもう元に戻すことはできない。なら、やってやるか。あちこちにボロがある世界を創りながら、全知全能だとかほざいて偉そうにふんぞり返っている、神とやらへの復讐を。何が悪は地獄へ行けだ。すべてはお前が悪いんじゃないか。お前の方こそ地獄へ行きやがれ。

さすがに神を殺すことは無理だろうから、神が大事にしている人間を殺すことで復讐したことにするか。開花には悪いが、これを最後の復讐とさせてもらおう。神に恨みを持つすべての人間を代表して、代わりにやってやる。こんなチャンスは二度とないはずだ。これはきっと、お前らが言うところの、神がやれって言ってるんだろう。

時宜は、包丁の柄を自分の腰に押し当て、渾身の力で開花に向かっていった。こうやって体当たりして刺す、いわゆる腰だめの突進が、一番、人を殺すことができると聞いたことがあった。そして、体験からもそれは真実だ。

だがこいつは、ただの女ではない。合気道三段で心が読め、神の守護もあるはず。正直言うと、殺せる気が全くしない。だけど絶対に殺す。何が何でも、絶対に神に一矢報いてやる！

時宜は、避《よ》けられないよう用心深く開花に突進した。突進しながら、開花の顔を見る。

時宜は驚いた。開花は静かに目を閉じ、ただその場に立っていた。死を受け入れているような顔だ。いや、受け入れているのは死ではない。時宜の思いのすべてを受け入れ、信じているような顔だ。時宜に笑いかけているようにも見える。

時宜は開花にぶつかり、開花が跳ね飛ばされた。

恒道が慌てて開花のもとに駆け寄った。

「おい、大丈夫か!?」

先に開花に声を掛けたのは、時宜だった。

＊＊＊

開花は、時宜が包丁で刺しに来ることを、いつ来るか、どこを刺そうとして来るのかまで分かっていた。だから、本気で避ける気になれば、容易《たやす》く避けることができたに違いない。

でも、それはしなかった。神様に言われたからではない。開花自身が、避けたくなかったのだ。

時宜は、自身のことを悪の元凶だと言った。あかり教会もまた、人々からそう言われていた時期がある。利用されていたとはいえ、あかり教会が戦争の原因になったのは確かだ。

人は悪を嫌って、排除しようとする。それが幸せに生きる近道だと考えている。でも、それがそもそもの間違いだ。悪と言われる存在だって、悪になりたくて悪になったわけじゃない。与えられた環境で生きていくために、自分の心と闘いながら、自分にできる最善の道を辿った結果に過ぎない。その最善の道は、神様が示した道だ。

そもそも、悪などと呼んでいること自体がおかしい。自分の理解を超えるもの、自分にコントロールできないものを勝手に悪と呼んでいるけど、誰にだって神様は宿っているのに。そう、宮本さんなんて、相当にすごい神様が宿ってるんだから。ねえ、宮本さん！

目を閉じて、そんなことを考えていた。

次の瞬間、時宜がぶつかってきて、後ろに吹っ飛んだ。ずいぶん激しくぶつかってくれたなあ。

自然と受け身を取っていたに違いない。後頭部は打たずに済んだ。合気道の稽古の賜物だ。まあ、あの勢いで刺されたら、頭を守ろうが、死んでしまうだろうけど。

「私、これで死んじゃうのかしらね」

「馬鹿言うな、しっかりしろ！」

時宜が必死になって開花に声を掛けてきた。時宜の手には血がついている。

「宮本さん。最後にあなたと会えてよかった。神様はあなたにもちゃんと宿っている。それだけでも伝わるとよいのだけど」

「ああ、分かった。でも、お前まだ死なないぞ。全然刺さってないんだからな」

「ええ!?」

体を確認したが、確かに刺さっていなかった。じゃあ、その血は何？

「どうして？　だってあんなに激しくぶつかられたのに」

「ギリギリでなんとか包丁の向きを変えることができたんだ。おかげで俺の方が少し怪我したよ。大した怪我じゃないけどな」

「ちょっと！　やだー、恥ずかしい」

三人で大笑いした。こんなに笑ったのは久しぶりだ。

ひとしきり笑ったあと、恒道に本気で怒られた。

「もう二度とこんな危ないことするなよ！　それに、最後にあなたと会えてよかったとかってセリフ、僕が言われたい」

もう、水谷さん、こんな時に何言ってるんだろう。

そして、時宜が改めて開花に謝罪した。

「本当にすまなかった。君に受け入れてもらって、自分の過ちが初めて分かった気がする。つまらない恨みにみんなを巻き込んだ。世界が気に入らないのなら、俺一人いなくなればいいことだったんだ」

「何言ってるんですか！　宮本さんは、その体に宿って、大きな間違いをする人間の役割を与えられただけです。大変な御苦労をされましたよね。お筆に『神はその罪をも憎まず』って言葉があるんですよ。罪はただの結果で、必ず原因となる理由や間違いがあります。間違える人がいたら、許し寄り添って原因を突き止め、互いに反省して直していくのがあるべき姿なんです。この姿に戻すのは、人間だけでできるようなことじゃない。神様も改心が必要なんです」

時宜の目から涙がこぼれた。

「それに、ここだけの話、実は私も神様に復讐したいと思った時があるんですよ。だから、宮本さんが私にしたことには、私のかつての思いも乗っかってたの」

開花は舌をペロッと出した。そもそも今は、ここだけの話なんて通じないのだけれど。

気づけば、世界中の人間が仮死状態になり、晴明の霊が今起きたことをすべての人々、すべての霊と共有する役目をしていた。きっと、皆の目を覚まさせるため、まつり合うことの大切さを伝えてくれているのだろう。

悪の三大将は、邪鬼、金毛《きんもう》、大蛇《おろち》だとされている。邪鬼は二本の角、金毛は四つ足、大蛇は八つ頭、八つ尾だ。

初め一つだったものが善と悪とに分かれ、それぞれが更に善と悪とに細分化していく。二が四に、四が八にと。そして互いに排除し合う。進めば進むほど争いが増えていく。この、まつり合うことをおろそかにした世界を、架空の生き物にたとえていたのだ。

でもこれからは、善と悪とに分かれても、善悪溶けあったものを中心に三としてまつり合い、また分かれたものが四と一とで五としてまつり合い、さらに八と八が二十二としてまつり合うというように成長していくのだ。そして、このまつり合わせによって得られる喜びこそが、まことの喜びなんだ。ロマンがあるじゃないか。日本は、このまつり合わせでの大事な役割をちゃんと果たさなければならない。

そして、小さな自分のためではなく、大きな自分のためにまつりごとをする、世界で一人の王が誕生する。

世界は何もかもなくなって真っ新《さら》になったが、まことという柱を綺麗に一本通した新しい世を、ここから神様と一緒に創っていこう。神様も同じように、神界ですべてを失い、新しく世界を立て直し始めた。その映しが今、この現界で起きている。

そばにいた晴明の霊が、佐倉公園の桜が咲いたから花見をしようと言って誘ってきた。その隣で、研磨が早く早くと急かしてくる。見上げれば、雲一つない快晴だ。空にお日様で作った日の丸の旗ができている。今日は久しぶりに空気が澄んで、あの山もはっきり見える。

富士は晴れたり日本晴れ　富士は晴れたり岩戸開けたり

一《ひ》二《ふ》三《み》（四）

2023年6月10日　第1刷発行

著　者　　岡本天明
補　訂　　奥山一四
発行人　　久保田貴幸

発行元　　株式会社 幻冬舎メディアコンサルティング
〒151-0051　東京都渋谷区千駄ヶ谷4-9-7
電話　03-5411-6440（編集）

発売元　　株式会社 幻冬舎
〒151-0051　東京都渋谷区千駄ヶ谷4-9-7
電話　03-5411-6222（営業）

印刷・製本　中央精版印刷株式会社
装　丁　　弓田和則

検印廃止
©HITOSHI OKUYAMA, GENTOSHA MEDIA CONSULTING 2023
Printed in Japan
ISBN 978-4-344-94387-2　C0014
幻冬舎メディアコンサルティングＨＰ
https://www.gentosha-mc.com/

※落丁本、乱丁本は購入書店を明記のうえ、小社宛にお送りください。
送料小社負担にてお取替えいたします。
※本書の一部あるいは全部を、著作者の承諾を得ずに無断で複写・複製することは禁じられています。
定価はカバーに表示してあります。